OD

Organization Development

プラクティショナーのための「組織開発」参考書

著 廣田 茂明
Shigeaki Hirota

まえがき

　山登りとテニスが、私の休日の楽しみである。あえてそれぞれの効用をいえば、山登りは考え事をするのにいいし、テニスは何も考えないで没頭できるのがいい。

　17世紀フランスの哲学者で数学者でもあったパスカルは、「人間は考える葦である」（人間は自然の中では葦のように弱い存在であるが、思考することによって宇宙を超えることができる）といった。パスカルの言葉を励みに、考え悩むことから逃げてはいけないと思うが、本音は夏目漱石著『草枕』の冒頭の一節、「山路を登りながら、かう考えた。智に働けば角が立つ。情に棹させば流される。意地を通せば窮屈だ。兎角に人の世は住みにくい」に近い。

　漱石のいう「人の世」は「向こう三軒両隣り」を指していたそうだが、現代では会社や職場などの組織としたほうが見合っている。現代人が考え、悩むことは、多かれ少なかれ組織にかかわっている。20世紀は組織の時代といわれたが、21世紀になるとますますその様相を呈してきた。私たちが生きていくには、必ずいくつかの組織とかかわりを持たなければならない。

　企業経営にも栄枯盛衰はつきものであるが、高い業績を長期間にわたってあげ続けている会社は注目される。私の知人が勤める会社もそのような「よい会社」の1つであった。たびたび経営誌から取材され、業績不振な会社からの見学・訪問も多かった。社内には明るさと厳しさの両面があり、活気にあふれていた。

たとえば、社内の年度目標発表会では、あるチームが高い目標を発表するとき、「達成できたら、チーム全員でハワイ旅行に行かせてほしい」という。経営陣が「よろしい。しかし達成できなかったときはどうするのかね」とたずねると、「そのときは、休日に工場の壁のペンキ塗りをします」といって「握る」のである。また人事評価制度の改訂を通達すると、その日のうちに「自部署の実情に合わない」といったクレームが各部署から人事部に届き、人事部はひとまず撤回をして再検討しなければならないこともあった。普通は人事部が取締役会の許可を受けているから撤回することはありえないが、この会社は違うのである。

　同社は、専門誌の取材、他社からの見学や問い合わせには何も隠すことなく応じ、求められれば目標設定書や人事評価表などの資料も提供した。要は、「制度や帳票をまねたとしても、その会社に合うわけではない」「我々がここまでこられたのは、会社全体で議論し、悩み、けんかし、工夫し、協力してきたからで、何年もかかった」のである。事実、知人が入社したころは、会社の業績は景気の波に左右され、給料が遅配されることもあり、将来の生活が大いに心配だったそうである。

　ゴーイング・コンサーンである企業は、いっとき売れる商品（製品・サービス）があるだけでは成り立っていかない。事業と組織は表裏一体であり、それらに関するさまざまな要素のアライメント（整合）をはかっていかなければならない。したがって、事業と組織というような二元論で考えてはいけないのである。かつての「組織開発」は、発祥が主に心理学の領域であったことから対人関係の改善に焦点があてられたり、経営戦略やマーケティングと明らかに分けて取り組まれたりしてきたが、これからの組織開発は企業活動全体を対象にし、システム思考により全体のアライメントを持続的にはかろうとするものでなければならない。

　また、組織開発の専門部署の設置と人材の育成が必要である。かつてプロシア国の軍隊は非常に強かったが、その秘密は参謀組織の設置にあった。

まえがき

歴史上、日本の戦国時代では、山本勘助、竹中重治（半兵衛）、黒田孝高（官兵衛）、中国では三国時代の諸葛亮（孔明）などが軍師としてよく知られているが、彼らは個人で、一代限りのものであった。一方、プロシア軍は参謀機能を組織化し、いわゆるライン・アンド・スタッフ組織の始まりとなったのである。経営環境が著しく複雑となる中で、スタッフとして組織開発機能を推進する専門的組織と人材が不可欠となる。ちなみに、米国では多くの大学院で組織開発を教えており、企業には専門部署が設置され、社内外の組織開発コンサルタント（ODプラクティショナー）が数多く活躍している。

企業が競争に負け続け、利益が減少し、内部に問題が噴出するようになったとき、日本でも組織開発的な全社の取り組みが行われている。トップの号令で特命プロジェクト・チームが立ち上がり、当初の予定を大幅にオーバーして、5年、10年とかかりながらも会社を再生していく例を見る。この場合、当事者は組織開発という認識を持っていないことが多い。私が残念に思うのは、当初から組織開発として活動を開始していればもっと早く成果を出すことができたのではないかということである。「わが社には一般論は適用できない」「他社とは立場や事情が異なる」という主張は確かにそういう面があり否定はしないが、かといって自前意識でアノマリー（anomaly：理論的根拠のない経験則）に頼って進めることを、「試行錯誤の努力を重ねた」といってしまうわけにはいくまい。

組織開発は社会科学としてこれまで膨大な知見が蓄積されており、さらに現在も絶え間のない研究と実践（アクション・リサーチ）が行われている。本書は、組織開発に専門的に取り組もうとしている人々を主な読者として、組織開発の基本と全体像、そして最近の動向を理解していただくことを重視して書かれている。

序章では、日本でもかつて組織開発が行われていたこと、そして再び組織開発が注目されるようになった背景などを述べ、第1章では、組織開発

の数十年にわたる系譜をたどりながら全体像をつかめるようにした。

　第2章では、組織開発がめざすのは組織文化の変革であることを提示し、第3章では、組織を変革するためには学習する組織をつくることが決め手となることを述べた。そして第4章は、これからの組織開発のみならず経営においてもマネジメント・パラダイムの転換が不可欠であることから、自己組織化、支援などの新しい視点を示した。

　第5章では、組織開発を実践する場合のアプローチ方法と変革プロセスを示すとともに、変革に対する抵抗をどのように乗り越えればよいかを述べた。第6章では、最近の組織開発でよく利用されているメソッドを紹介するとともに、若干の問題点や課題について述べた。そして最後の第7章では、全員参加経営と全員経営の違い、およびODプラクティショナーに期待される役割・スキルと組織体制について提示した。

　本書の出版までには、多くの方々のお力添えをいただいたことに感謝している。また刊行にあたって、産業能率大学出版部の飯島聡也氏および尾又邦子氏にはたいへんお世話になった。お礼を申し上げる。

目　次

まえがき……………………………………………………………… *i*

序章　日本企業の組織開発―歴史と課題 　*1*

第1章　組織開発とは何か 　*13*
 第1節　今、求められている経営とは ………………………… *14*
 第2節　組織の変遷と組織開発の方向性 ……………………… *22*
 第3節　組織開発とは …………………………………………… *26*
 第4節　組織開発の系譜 ………………………………………… *36*
 第5節　現在の組織開発 ………………………………………… *53*

第2章　組織文化の変革 　*59*
 第1節　組織開発における組織文化の位置づけ …………… *60*
 第2節　組織文化とは …………………………………………… *65*
 第3節　組織文化の診断と変革 ………………………………… *79*

第3章　学習する組織をつくる 　*95*
 第1節　個人の学習 ……………………………………………… *96*
 第2節　学習する組織をつくるために ……………………… *105*

第4章　マネジメント・パラダイムの転換 　*113*
 第1節　環境適応から自己組織化へ ………………………… *114*

第2節　管理から支援へ ··· *119*
　　　第3節　モチベーションからエンパワーメントへ ············ *123*
　　　第4節　タレントを活かすコラボレーション組織 ············ *126*

第5章　組織開発の実践　　　　　　　　　　　　　　　　*137*
　　　第1節　組織開発のアプローチ ································· *138*
　　　第2節　変革モデル ··· *145*
　　　第3節　変革への抵抗 ·· *156*
　　　第4節　変革のリーダーシップ ································· *161*

第6章　組織開発の最近の動向　　　　　　　　　　　　　*173*
　　　第1節　ホールシステム型組織開発 ··························· *174*
　　　第2節　ネットワークによる草の根的組織開発手法 ······· *193*
　　　第3節　アクション・ラーニング ······························ *201*

第7章　全員経営と組織開発体制　　　　　　　　　　　　*207*
　　　第1節　全員経営をめざす ·· *208*
　　　第2節　組織開発の体制 ··· *212*

引用文献・参考文献 ·· *217*
索引 ··· *227*

序章

日本企業の組織開発—
歴史と課題

■組織開発とは、生命力の豊かな組織をつくること

　組織開発（Organization Development：略称OD）とは、端的にいえば「人と組織が最善の仕事をできるよう支援することを目指す分野」（ヘインバーグ2005）、または「生命力の豊かな組織をつくろうとする持続的な努力過程」（稲葉1973）のことであり、20世紀中ごろ、米国にて創始された。

　なお、組織活性化と組織開発は同じようにとらえられることがあるが、活性化とは「沈滞していた機能が活発に働くようにすること」（『広辞苑』）であり、厳密には区分しておきたい。

■日本における組織開発（導入期）

　日本では1970年前後から組織開発が行われるようになった。当初はTグループ（感受性訓練ともいう）という研修で、対人関係の改善や対人関係能力の開発をしていこうというものであった（Tグループについては第1章で詳述する）。積極的傾聴（Active Listening）の提唱者であるロジャース（1968）は次のように述べている。

　「感受性訓練は、おそらく、今世紀の最もすばらしい社会的発明である。感受性訓練に対する需要は、全く信じられないほどである。それはアメリカ合衆国において最も急速に成長している社会的現象の1つである。それは、産業の中に浸透しており、教育の中に入り込んでおり、家庭や各種の救済機関の専門家や、その他さまざまな個人の手にまで行き渡っている」

　日本でも感受性訓練の多大な成果が期待されたが、現実は必ずしもそうではなかった。企業内で行った場合には、上司・同僚・部下からのフィードバックに傷ついて長い間精神的に立ち直れない人が続出し、また人間関係にしこりを残すことも多かった。感受性訓練によって個人の成長と対人関係、そしてチームワークの改善を意図したにもかかわらず、全く逆といってもよい結果が生まれたのである。

稲葉（1979）は、日本人特有の意識構造をふまえ、次のように説明している（筆者要約）。

①日本人は、他者に合わせて自己の行動を決定する。米国人は、自己の立場を確定したうえで、他者との相違を調整する。米国では「個人の連合体」であることから発生する組織病理現象に対し、人間性を回復させ、対人的な感受性を養い、意思疎通の円滑化をはかることによって、組織的統合を実現し、もって組織業績の改善を指向する組織開発論が高く評価された。一方、日本では過度ともいえる心情的な我々意識が存在するため、むしろ緊密すぎる人間関係から、いかに個人の自主性を解放しうるかという、むしろ逆の方向からのアプローチが必要である。

②日米では、仕事と人間の関係が大きく異なる。米国では、まず仕事が存在し、そこに人間が配置されるが、日本ではその反対である。そのため日本では濃密な人間関係の中に、とかく仕事の自由な遂行が阻害されやすく、他方米国では仕事中心の影響で、とかく人間関係までが対立的になりやすい。組織開発論は、組織の人間的側面に第一義的な重要性を認めるので、米国においては新鮮な感じを持って迎え入れられたが、日本では違和感なく受け入れられるものの、逆に際立って新鮮な印象を持たれなかった。

③組織開発は組織の「計画的な変革」であるが、まず将来あるべき姿が明確にされ、それに向かって現状を改善する努力を積み重ねていく。しかし日本の場合、計画内容があまりにも抽象的で、途中で簡単に計画が現状に合わせて変えられてしまう（日本人は欧米人に比べて将来を現在に対立させて考えようとする態度が著しく弱く、「将来」が「現在」のほうに引き寄せられてしまう）。そのため日本の組織開発は効果の評価が適正に行われない。

■日本における組織開発（転換期）

　上原（1984）によれば、1980年代に入ってから、あらゆる日本企業の経営方針に「体質」というコンセプトが入るようになった。特に、従来は体質といえば強化することであったが、この時代には体質改革、体質転換、体質改善が焦点とされるようになったという。上原は、体質という言葉の含意を次のように説明しながら、当時の企業が置かれた状況を示唆している。

①変わりにくい。

②変えるには地道な努力の積み重ねが必要であり、しかも長い時間を必要とする。

③環境との関係でいわれる（最近とみに多くなった花粉アレルギーなどは、花粉に適応できない体質を持った人にアレルギーが発生するわけで、したがってアレルギー性体質の人は、花粉の飛んでくるところへ行かないか、それとも体質を変えるかのいずれかしかない）。

そして、「組織開発は経営戦略のレベルでとらえられるようになった」と指摘している。

　このころの日本は先進国に仲間入りし、経済大国となった。作れば売れる、安ければ売れる時代は遠く過ぎ去り、品質やマーケティングでグローバル競争に立ち向かわねばならなくなった。同時期、経営学では組織文化の概念が注目されるようになり、それを日本的に「体質」に置き換えて、「経営戦略としての組織開発」に取り組み始めたと理解できる。日本企業のトップ・マネジメントでは、組織の体質改革、体質強化をはかることが「競争力の源泉」と考えられるようになった。組織開発は研修中心ではなく、さまざまな実践的な取り組みが行われるようになり、そのうち小集団活動、QCサークルなどがよく知られている。

■日本における組織開発（衰退期）

　しかし1990年代に入ると、日本ではバブル経済が崩壊し、以後の長い

停滞期間で企業は余裕を失っていった。その直前まで楽観的すぎる21世紀ビジョンを大々的に打ち出していたのがうそのようで、いつしか3カ月先を考えるのが精いっぱいという状況が生じ、いわゆる3Kとされる交際費、交通費、研修費（教育費）は徹底的に削減されることとなった。

また、バブル崩壊後は改革・革新の風潮が高まり、BPR（Business Process Re-engineering：業務過程の抜本的見直し）のような抜本的改革手法が流行したために、小集団活動やQCサークルのような組織開発手法は改善レベルで効果が乏しく、かつ時間がかかるとみなされ下火になっていった。1990年代以降、日本では組織開発（OD）という言葉は実に見事に忘れ去られていった。

■稼ぐ社員がよい社員なのか

顧客に支持され、競合に勝ち、高い業績をあげるために、製品開発・製造や営業といった機能を強化しようとしても、その前提となるのは組織能力である。しかし、これまでの研修・トレーニングは主に個人の能力やスキルのレベルアップをはかることに重点が置かれていた。またバブル崩壊後、多くの企業が成果主義評価制度を相次いで導入し社員のモチベーション向上をはかろうとしたが、意図や期待とはおおむね反対の結果となってしまった。

なお、筆者は成果主義そのものを否定する立場ではない。組織が成果をあげなければならないのは当然のことで、成果をあげられない組織は存在意義がない。ただし成果主義の名のもと、不適切な制度設計や運用を行っては何にもならないということである。

さて、組織能力こそレベルアップさせなければ企業は成果をあげることができないのに、組織より個人が優先された結果、成果主義評価制度は同じ職場のメンバーを2割の勝ち組と8割の負け組に分離し、職場の一体感は希薄化して、むしろ組織能力は低下してしまった。

大手総合商社A社は「ギスギス職場を明るくする」ために成果主義を「撤回」し、チームワークなどの定性的な評価を軸にする新制度に切り替えた。かつて同社は徹底した成果主義型の人事制度を導入したが、その後立て続けに大きな不祥事を引き起こした。何がいけなかったのかを自問自答した社長は、その答えとして「稼ぐ社員がよい社員」という成果至上主義に行きすぎがあったことにたどりついたのである。

　しかし、事業や組織の構造が高度化・複雑化し、また働く人々の価値観も多様化している中、経営方針や評価制度を修正すれば組織活動が健全化するという単純な図式は通らない。ましてや傷ついた、あるいは大きな問題を抱えた組織を再生するのは簡単なことではない。過去の例を見ると、組織を復活・再生するという取り組みの多くは各企業自前のものであり、また組織開発の知見とスキルを備えた社内専門家がおらず専門部署もなかったために試行錯誤を繰り返し、多大な時間と労力を費やしてもなかなか成果をあげることはできなかった。

■ホウレンソウのジレンマ

　日本企業の管理者ならばほとんどの人が知っている「ホウレンソウ（報告・相談・連絡）」は日本独特のものであるが、そもそも、あるオーナー経営者が自社の事業行為全般を把握し、すべてに自分の意思を反映させようとしたことがホウレンソウが生まれたいきさつである。要は、すべてを掌握したいワンマン経営者が発想したものであるが、日本ではあまりにもホウレンソウが浸透することとなり、一部の管理者はホウレンソウだけでマネジメントをしている（つもりになっている）。

　確かに、業務上の出来事について上司にこまめに報告・連絡・相談し、上司の指示を受けて対処することは大切だといえるかもしれないが、複雑な仕事を個々人の高い専門性でこなし、担当者間の連携やスピードが重視されるような現代のビジネス前提においてホウレンソウがどこまで可能か

つ効果的だろうか（図表 序-1 参照）。

　ホウレンソウは部下にとっては「義務」である。同時に、上司にとっては「待ち」であるが、これが決定的に問題である。最近の組織内不祥事に多く見られるのが、「これまで、そのような報告は受けておりませんでした」

図表 序-1　ホウレンソウの主な問題点

①意思決定のスピードが遅い（臨機応変の対応ができない）
　ホウレンソウにこだわると、上司、その上司、さらにその上司というように意思決定のレベルが上がっていき、決定までの時間がかかる。現場のことは現場が一番わかっているという考えを持って歯止めをかけることが必要である。

②責任の所在があいまいになる
　問題には発生が予測できるもの、表面化する前に兆候を見つけられるものも多い。リスク管理、先手を打つことは管理者の役割・責任である。部下からのホウレンソウを待つだけではいけない。ましてや、ホウレンソウを怠った部下の責任としてはならない。

③部下のやる気を引き出せない
　プロ野球の勝敗を左右する場面で、監督が打者に一球ごとにサイン（指示）を出すのか、一言「思い切っていけ」と背中をたたいて打席に送り出すのか。後者のほうがやる気を引き出すことができる。

④部下が育たない
　昨今は、自分で考え、主体的に行動することを部下に求める管理者が増えてきた。しかし長い間、ホウレンソウを口すっぱく求めてきたことが指示待ち部下をつくったのである。部下の自律を妨げたのは、ほかならぬホウレンソウであると管理者は「自責」の念を持つことが必要である。

⑤コミュニケーションがとれているという錯覚に陥る
　管理者はホウレンソウによって部下とコミュニケーションがとれていると思い込んでいるが、部下はホウレンソウを「義務」程度にしか考えていない。「待ち」ではなく積極的に、部下一人ひとりの状況に通じ、自分の考えと部下の考えをすり合わせ、また問題点を共有し解決していくコミュニケーションこそが大切である。

⑥重要な問題を先送りする
　ホウレンソウと口をすっぱくしていいながら、部下から難しい判断を必要とする事項の相談を受けると、長い間ホウレンソウに徹してきた管理者は自分の頭で考え、判断し、決断することができず、しかも上位者になれば上司に相談することもままならず、その件を「先送りしてしまう」場合が出てくる。

「現場からは、そのような問題があるとは聞いていませんでした」という責任者の言い訳がましい弁明である。これでは、現場や担当者に一義的な責任があるように聞こえるが、現場や担当者から何もいってこなければ、何も問題がないのだろうか。問題のない状況など本当にあると思っていたのだろうか。いったい、いつからこのような恥じるべきマネジメントが通用するようになったのか。

近年の重要課題とされる「リスク管理」は、ホウレンソウ中心のマネジメントではうまくいかないことは明白である。リスク管理には、リスクの予測と予防が欠かせない。たとえば他社で不祥事が発覚したという情報をキャッチしたならば、同様なことが自社でも起きる可能性がないかを調査し、可能性があれば先手を打つべきである。見えないところですでに起こっていることも考えられるから、自ら現場に出向いて確認することも、今求められているリスク管理である。しかし、組織にしみついてしまったホウレンソウ体質（文化）を変えることは簡単なことではない。

■ブラック企業

最近、ブラック企業という言葉が流行している。社会的にも看過できない重大な問題であり、経営サイドとしてはコンプライアンス（法令遵守）のみならず経営倫理、経営哲学の面からも熟考かつ対処しなければならないことだと思われる。

経営者、とりわけ創業者の中には、事業を立ち上げたときから今に至るまで、それこそ1年365日、何年もの間休むことなく、仕事以外のことには脇目もふらず、無給のときもあれば自宅を抵当に入れて資金を工面することもいとわず働き続けてきたという人も少なくないだろう。事業が拡大するにつれ、従業員の生活を守るために経営責任はいっそう増大していった。かくも働いているのに、従業員や世間からブラック企業などと名指しされると気持ちの持っていく場所がないというのが本音だろう。

一方、ある若手社員が「うちの会社、世間ではブラックといわれているんですが、私はこの会社で働くのが楽しくて仕方がないんです」といっていた。ブラックか、そうでないかは、社員それぞれによって見解が異なることがある。ビジネスパーソンとして成長する過程では、仕事に没頭することも重要な経験といえる。また働きながら、自費で専門学校や社会人大学院に通う人もいる。毎日定時に出社して定時に退社し、プライベートタイムは仕事のことなど忘れて大いに楽しむという生活は、果たして理想の生活なのか。人間扱いされない、会社に束縛され上司の言いなりという生活がよいなどとは思わないが、働く価値を見出せる会社とそうでない会社の境目はどこにあるのだろうか。

　古典的経営管理論では、従業員が経営者の指示・命令に従うかわりに、経営者は権限を持つと同時に従業員の生活を守る責任と義務があるとされた。そして従業員は、昇進により管理者になると経営サイドに立つ。しかし、それは工業社会のパラダイムであり、知識社会、言い換えれば知恵比べ競争の時代では通用しなくなった。知識社会で生き残る組織は、専門的スキルを持った従業員が自律的に付加価値を生み出していく組織である。したがって経営者および管理者が考え、指示し、責任をとるという古典的なヒエラルキー（階層）発想を捨て、新たな組織運営原理を導入していかなければならない。

■組織開発の復活

　経営環境がいっそう厳しさを増していく中で、企業も手をこまねいていたのではなく、リストラクチュアリング（事業の再構築）やBPRなどの経営改革に取り組んだ。しかし、それらの試みは必ずしも成功したとはいえなかった。むしろ経営は混乱し、従業員も疲弊しモチベーションが低下するような結果が生じた。そのような状況下、原点に立ち返り、もう一度会社をつくり直していこう（それしか方法はない）という認識が生まれてきた。

一方、海外では米国を中心に、一時は組織開発の停滞期（「組織開発は死んだ」）といわれながらも、そのころには新しいコンセプトが萌芽していたように、組織開発の研究と実践は継続されてきた。米国の組織開発研究・実践団体としては、NTL、ATD（旧 ASTD）が著名であり、また OD ネットワークも世界的に展開されている。

図表 序 -2　組織開発の関係団体

ATD（The Association for Talent Development）	人材開発と組織開発領域における世界最大の会員制組織（会員数 4 万）。2014 年に、ASTD（American Society for Training & Development）から改称された。
NTL（National Training Laboratories）Institute for Applied Behavioral Science	組織開発の総本山ともいうべき研究実践団体。米国メイン州ベゼルに本部がある。
OD Network	米国、ヨーロッパ、アジアにネットワーク拠点がある。日本においては、2010 年に OD ネットワークジャパンが発足した。

　企業は経済システムと社会システムによって構成されているが、事業遂行のために前者の戦略・財務・生産・販売のシステムを整備しただけでは企業経営は成り立たず、後者の人間・組織システムを整合させる必要性があることはいうまでもないことである。日本では、2000 年代以降に組織開発復活の兆しが見られるようになった。たとえば日産自動車やキリンビールの巻き返しなどは組織開発の成果といってもよいだろう（日産自動車には「組織開発部」が設置されている。キリンビールではコーチング手法による組織開発がマスメディアで紹介された）。また、新しい組織開発のメソッドであるワールド・カフェ、フューチャーサーチ、AI あるいはファシリテーションという言葉を知っている人が増え、ODNJ（OD Network Japan）および ODAJ（OD Association in Japan）が研究者と実

践者のコミュニティとして活動している。

■**全員経営の実現**

　競争力があり、顧客満足度で他社に負けない会社にするためには、全員経営の実現をめざすことが必要である。全員経営とは、ボトムアップ経営のように経営者がおみこしに乗っているイメージとは異なる。また全員参画（参加）経営とも異なる。たとえばサッカーのようなチームスポーツで全員参画（参加）といったら、どんなイメージを持つだろうか。サッカーは、選手および監督、コーチ、トレーナー、マネジャーらが立場や役割は異なるが同じ目標に向かって全員一丸となって相手チームと戦うものであって、監督が選手に対してチームに参画することを求めるものではないだろう。

　経営者は全知全能ではない。たとえ誰よりも優れた能力を持っていたとしても、すべてを自分の意思で動かすことが経営のあり方として正しいとはいえない。かつて英国の宰相であったチャーチルは、政治形態として最も効率がよいのは英邁（えいまい）な君主による専制君主制だといっているが、現代においてそのような国を見ることはできない。

　危機に直面した企業の新しいトップが、社員に対して次のように呼びかけることがある。

　「私の社長としての使命は、この会社を生まれ変わらせることです。そのためには多くの改革が必要です。私としても全力を尽くすつもりですが、私一人の力ではとても無理です。だから社員の皆さんの力が必要なのです。ぜひ私と一緒になってこの会社を生まれ変わらせましょう」

　経営者に限らず、管理者の場合も同じである。組織（職場）を変える、組織能力を強化する、そして成果をあげるためには、全員の力が必要である。

　全員経営をめざすには、プロセスを重視しなければならない。成果は、よいプロセスができたときの結果として生まれてくるものである。

第1章

組織開発とは何か

第 1 節
今、求められている経営とは

1　人そのものを価値ある存在とする経営

　産業革命以来、近代的組織が発達し、20世紀は「組織の時代」といわれるようになった。すなわち分業システムによって著しく生産性が高まったのである。21世紀になって、さまざまな分野で組織機能を活用することの必要性はますます増加している。人間生活と組織との関係はきわめて密接となったが、組織が高業績をあげることとQWL（Quality of Work Life：労働生活の質。本章第4節で詳述）の向上を両立させることはなかなか難しく、トレードオフの関係といってよい。これからも常に複数の組織とかかわりを持って生きていかなければならない私たちに与えられた命題は、「真に人を活かすことで事業を成長・発展させる経営を実現すること」であるが、それはいかなるもので、どのようにすれば実現できるのだろうか。

　鉄鋼王で慈善事業家でもあったアンドリュー・カーネギー（1835生-1919没）の墓碑銘には「ここに、自分より賢い人々を、周囲に集める術を知っていた一人の人間が横たわる」とある。ノーデン-パワーズ（1994）は、「企業における最も重要な財産はそこで働く人々であり、その人々を通して企業は考え、行動し、ものを開発し、サービスを提供し、投資をし、そして企業自身のイメージをつくり出している。同時にまた、企業において最も有効に活用されていないのも、そこで働く人々である」、そして「企業の目的は、平凡な人々が非凡になれるような環境を提供することにある。すべてはそこから始まる」と述べている。

　ドラッカーは現代社会を「知識社会」と名づけた。狩猟採集社会、農業社会、

工業社会、そして知識社会という流れでとらえると、知識社会の初期段階にある現在、人類は大きな転換期に直面している。近代的組織が発生し発達した工業社会の組織パラダイムと、始まったばかりの知識社会における組織パラダイムは大きく異なっている。知識社会における事業活動の本質は「知恵比べ競争」であり、人がその要になることは誰もが肯定するところであるが、いまだ「価値を生み出す道具として人をとらえる道具的人間観にもとづく経営」が続いている。そこから脱却し、「人そのものを価値ある存在とする経営」をめざしていくべきである。

2 理想の会社

　理想の会社とは、こういう会社にしたいという思いを持った経営者と、その思いに共感した従業員が共働してつくっていくものである。会社は「外部環境と相互に作用しながら変化を続けるオープン・システム」、すなわち生き物であるから、理想の会社が完成したらそれで終わりというものではない。いやむしろ、「永遠に理想の会社をめざして努力し続けるもの」といったほうがよいかもしれない。したがって常に、プロセスをどのようにマネジメントするかが重要なのである。

　以下、理想の会社づくりをめざす3つの会社（日本ゴア社、ザッポス社、セムコ社）を紹介する。

❶ 日本ゴア社（旧ジャパンゴアテックス社）

　米国ゴア社の創業者であるウィルバート（ビル）・ゴアが開発したゴアテックス（製品名：ePTFE）は、アウトドア用品の素材としてよく知られているが、その他にも医療、電子機器などさまざまな産業分野に用いられる高機能素材である。その日本での製造・販売を目的に、1974年に日米合弁（株式会社潤工社とゴア社）で折半出資によって設立されたのがジャ

パンゴアテックス社（以下、JGI）であり、その後、2009年にゴア社と統合し、2011年には日本ゴア社に社名変更された。

経営者としてJGIを長年にわたり育てたのは潤工社創業者の甥の井上忠である。井上（2012）は、こう述べている。

「企業経営には『思いの強さ』が大事だと考えている。その思いの強さは経営理念に集約的に表現される。それは企業活動の出発点であるとともに最終目標でもあり、そういう意味では企業活動を厳しく律するものでもある」

経営者としての井上は当初、すべてを自分のコントロール下に置く超ワンマン経営の体制を敷いた。約5年後に業績面では一応の成果をあげることができたが、内部的には「全く会社の体をなしていなかった」。井上の頭の片隅には常に、理想の会社づくり、すなわち能動的・創造的人間集団の構築に取りかかりたいという思いがあった。自身の持病の悪化も要因となり、JGIを知識集約型の「質的一流企業」にするという長期的課題に取り組むことになった。その一環として井上が考えたのがPOGAL（ポガル）＊というプロジェクト組織であった。

JGIには、部・課といった組織、部・課長という役職がない。常にプロジェクトで動く。そしてプロジェクトは、メンバーのナチュラル・リーダーシップ（誰もがリーダー：状況に応じて、いろいろなメンバーがリーダーとなる）によって動く。なお、会社では公式にリーダーを任命することが一般的であるが、必ずしもその人物が周囲からリーダーとして認められているわけではない。集団内では最も影響力のある人物が実質的リーダーとなるが、その人物でさえ、すべてにおいてリーダーシップを発揮できるものでもない。強いチームでは、いろいろな状況下でリーダーシップを発揮する者が出現しており、まただからこそチームに一体感が生まれ、メンバーも

＊グループリーダー制にもとづくプロジェクト型組織のこと。最近では、「自律したリーダーによって運営されるプロジェクト組織」と呼ぶことがある（『人事実務』2010.4）。

やりがいを持てる。

　当然 JGI は、米国ゴア社のユニークな経営方針に影響を受けている。『ジャパンゴアテックス株式会社 25 年史』(1999) によれば、デュポン社の技術者であったビル・ゴアは、1958 年、最初のアソシエート (同僚・仲間) である妻ジュネヴィーヴとともにガレージ・カンパニー (実際は自宅の地下室であったのだが) として W.L. ゴア・アンド・アソシエーツ社 (以下、ゴア社) を設立した。ビルは会社を設立したときから、デュポン社で経験したプロジェクト・チーム方式の組織を理想としていた。プロジェクト・チームの構成員には肩書はなく、リーダーはいるがチーム内では皆が対等である。特定の目標のためにチームが編成され、目的が達成されればチームは解散し、また新たな目的のためにチームが編成される。

　ビルは従来のピラミッド型の組織にかわるものとして、いわば「管理なき経営」のためにラティス組織 (lattice organization：格子状組織) を考案した。ラティス組織では、肩書も序列も、上司も存在しない。社員はすべてアソシエートと呼ばれ、各人が最も能力を発揮できると思う部門に加わることができる。同時に、各人は社内に最低一人のスポンサーと呼ばれる支援者、相談者を持っている。このスポンサー制度が、ラティス組織の柔軟で円滑な活動を補強する。ビルはビジネス誌『Inc.』(1982.8) のインタビューで、ラティス組織について、こう述べている。

　「ここでは、我々が人を管理するのではなく、一人ひとりが自分自身を管理するのです。我々は、自発的な参加意識を基盤にして、組織を作っていきます。自主参加と命令とでは根本的な哲学の違いがあるのです」

　そしてビルは、人数が 200 名近くになると単なる人間の集団と化し、各人が個性を失い、協調性も失われるとして、工場の人数が増えると新しい工場を建設したのである。またビルはチーム間の相互協力について、調整役を担うリーダーの役割が大事であると指摘している。なお JGI では、総務、開発、営業といった部門内で事業分野をまたがるプロジェクトはある

が、部門をまたがるプロジェクトは皆無である。そのため全体最適を見るミッションをコーポレート・マネジメント・プロジェクトが担っている(『人事実務』2010.4)。

　JGIが魅力的でユニークな組織をつくることができたのは、日米合弁元の相性の良さもあった。日本の合弁元である潤工社の創業者・井上英雄の経営理念は次のようなものであった。

　「会社とは、株主、経営者、従業員の三者が渾然一体となった、独立した生命ある総合的有機体であり、これを構成する各人の個人的生命を超越した、永久の生命を持つ存在である。……会社という法人はもちろんのこと、これを構成する一人ひとりにおいても無限に前進しなければならない」

　また、ビル・ゴアの経営理念は「やりがいのある仕事をし、収益をあげること」である。

　理想の会社づくりをめざすとき、組織の将来ビジョンが必要であることはもちろんだが、未来は過去、現在、未来という時間軸の上に存在するのであり、過去に関連するもの（生い立ち、歴史、価値観、経験則など）を無視できるものではない。井上英雄とビル・ゴアの経営理念が一致し、同じ方向をめざして歩んできたことが成功にとって重要な要因であったと考えられる。

❷ ザッポス社

　ザッポス社については、石塚(2011)が詳しい。石塚によれば、米国のザッポス社は「ネットで靴を売る」という非常に難しい事業を成功させた。私たちは靴を買うとき、実際に履き心地を確かめながらサイズを合わせるため通販はうまくいかなかったのだが、創業10年足らずで年商10億ドルを突破するほどの急成長を遂げた。ザッポス社は2009年、同社の企業文化と人材を喉から手が出るほどほしかったネット企業のアマゾンによって買収された。

ザッポス社のサービスにまつわる有名なエピソードがある。

> 　ある女性が病床の母親のために複数の靴を購入した。しかし間もなく病状が悪化し、母親は亡くなってしまう。死後、もろもろの片付けに忙殺されているうちに、ザッポス社から、購入した靴の具合をたずねるEメールが舞い込んだ。傷心の女性は、やっとの思いでザッポス社に返事を出した。病気の母親のために靴を購入したが母親が死んでしまったこと、亡くなる前後のごたごたで靴を返品し損ねてしまったこと、そして必ず返品するので今しばらく待ってもらいたいことなど。直ちにザッポス社から届いた返信は、「宅配の集荷サービスを手配しますから、ご心配なく」というものだった。
> 　ザッポス社の正規のポリシーでは、返品する場合、料金は無料でも、顧客自身が荷物を集荷場まで持っていかなければならないことになっている。そのポリシーを曲げて、自宅に集荷に来るように手配してくれたのだ。
> 　翌日、女性宅の玄関先に届けられたのは、色も鮮やかなお悔やみの花束だった。添えられていたメッセージカードには、ザッポス社からのお悔やみの言葉が記されていた。

　他社のコンタクト（コール）センターでは通常このような対応はしない。むしろ効率性を重視した規則やマニュアルによって、「やってはいけないこと」になっているのが普通だろう。しかしザッポス社は、「幸せを届ける会社」であることにとことんこだわり、最高の顧客サービスを提供しようとする。

　同社が新人を採用するにあたっては、カルチャー・フィット（文化適性）を主眼とし、じっくり時間をかけて見きわめ、会社に合わない人は即解雇する。一方、社員の継続的な成長を促し、終身雇用をめざしている。そして社員に対しては、徹底したエンパワーメント（能力強化）を行い、同時

に自己管理を求めている。

❸ セムコ社

　セムコ社は、ブラジルのコングロマリット（複合）企業である。1980年、リカルド・セムラーが21歳で父親からセムコ社の経営を引き継いだときは従業員が100人に満たない小規模会社であったが、その後急成長を遂げ、従業員約3000人（2003年）、ブラジルの学生に最も人気がある大企業となった。その革新的な経営方針と手法は多くのビジネススクールのケーススタディーに取り上げられ、世界中の大企業の経営幹部や研究者たちがセムコ社を訪れている。セムラー自身も1994年、世界経済フォーラム（ダボス会議）でグローバル・ビジネス・リーダーにリストアップされた。

　セムラー（1993、2004）の経営哲学と手法は「セムラーイズム」といわれている。たとえば社内民主主義（デモクラシー）はセムラーイズムの主要要素であるが、松下幸之助の経営哲学（「社員稼業」「衆知を集める」という全員参加型経営）に代表される集団主義的な日本流全員参加型経営ではなく、ブラジル文化に適合させた個人主義的な全員参加型経営となっている。個人主義的とは、たとえば「自分のサラリーは、自分が適切な額を考えて決める」「出退社時間は自分が決める（工場の生産ラインすら例外ではない）」「服装の規定がなく、自由に決められる」「上司は自分たちで選ぶ」などのことである。

　しかし、単に個人を尊重するだけではなく、アソシエートと呼ばれている従業員は、「工場委員会」で自分の意見を組織に反映させることなどを通して会社の成長・発展に貢献し、これまでしばしば直面した経営危機を乗り切ってきた。セムラーイズムが大切とする前提は「従業員を尊重し、とことん信用して、各人の常識にゆだねること」であり、経営者であるセムラーのゆるぎない経営哲学が企業文化として定着しているといってもよい。

また、ルールの存在は、次のような状況を生み出しがちである。
- 企業は創造性を維持し、状況に適応できなければ生きていけないのだということを忘れさせてしまう。
- 企業の活動をスローダウンさせてしまう
- 幹部社員に空虚な安心感を提供する
- 非生産的で不要な業務を生み出す

したがって同社には、入社時に配布される小冊子『サバイバル・マニュアル』（漫画と簡単なコメントが書いてある）にある基本的なルール以外に印刷されたルールはない。

上記3社の事例は、書籍や特集記事のキャッチコピーでは「○○（社）の奇跡」「奇跡の経営」などとうたわれることが多い。しかし、それは本当に「奇跡」なのだろうか。目に見えない、自分たちの計り知れない力が働いて「奇跡」が起こったのではない。経営者や従業員が「こういう会社にしたい」と強く思い、誰も思いつかないようなアイデアでも勇気を持って取り入れ、意図的かつ継続的な努力を惜しまなかったことに帰結するのではないだろうか。

ありたい組織の姿は経営者やマネジャーによって異なるものである。わが社、あるいは自分の職場をどのようなものにしたいのか。夢や理想を語ることも大切であるが、それだけでは画餅で終わってしまう。ありたい組織を実現するプロセスをどのようにマネジメントするかが重要であり、そのために社会科学的な知見や効率的かつ効果的な手法を活用することが必要となる。

第2節
組織の変遷と組織開発の方向性

1 組織の変遷

　組織と企業は、普段区別されないことも多いが、そもそもは異なる概念である。組織は「システム」あるいは「ネットワーク」の概念であり、企業は「境界」の概念である。法律では、株式会社のように企業に法人格を持たせて外部と明確に区別しようとする。組織開発では、通常は企業（または企業の一部門）を対象にするが、むしろ企業外部のステークホルダー（利害関係者）を含めた組織的活動が重要になってきた現代においては、「組織」そのままの意味で組織開発を考えていくべきではないだろうか。

　近代組織論の創始者といわれるチェスター・バーナード（1886生-1961没）は、（公式）組織を「二人またはそれ以上の人々の、意識的に調整された諸活動または諸力のシステム」と定義した。いわゆる協働体系（システム）である。

　マックス・ウェーバー（1864生-1920没）は、「官僚制組織が最も機能的・合理的な組織である」とした。彼は、組織は精密な機械のように設計され、人間は非人格化されることによって成果をあげることができると考えた。組織形態の中で最も機能的に卓越しているとされた官僚制組織は公式組織として現存しているが、現代では問題点（逆機能）が目立つようになった。たとえば、そのような組織にいると、従業員は仕事を自己統制することはほとんど許されないから、時がたつにつれて、受け身で、依存的、従属的であることが正しいと考えるようになり、指示待ち傾向が強く、自律性が乏しい者ばかりになってしまう。綿密に設計され原理・規則で運営

する官僚制組織は、今では社会や経営環境の変化についていけなくなってしまったといえる。

　ドラッカー（1946）は、企業は社会の代表的存在であり、社会に不可欠であるとともに「人の生き方を規定する」ものと考えた。それゆえドラッカーは、組織と個人の統合をめざすマネジメントである「目標による管理」（MBO：Management By Objectives）を提唱した。

　アージリス（1957）は、「成熟した人間のパーソナリティと公式（官僚制）組織の基本原則は適合しない。すなわち健康な個人が組織からの要求のために自己実現をはばまれ、あるいは禁じられる傾向がある」とした。したがって官僚制組織と健全な個人との不適合を減少させるために、職務の拡大、参加的・従業員中心的リーダーシップなどを提示した。また非公式組織（インフォーマル・グループ）の必要性を認めた。

　稲葉（1973）は、「組織が長期にわたって存続したいと望むならば、伝統的官僚制組織をいっそう強化することによってではなく、状況の論理にかなった組織のたえざる再生・再構築過程によってのみ達成される」、それならば「組織が変化することを当然の前提条件として」、「その変化を意図的、計画的に行っていったらどうか」という考え方が生じてきたことを組織開発が生まれた背景としている。

　ダフト（2001）は、組織は「①社会的な存在で、②目標によって駆動され、③意図的に構成され、調整される活動システムであり、かつ④外部の環境と結びついている」とした。ダフトによれば、組織は目標を達成するために必要な情報が垂直方向と水平方向に流れるように設計されなければならない。効率・統制を重視すると組織は垂直方向に強化され、学習を重視すると水平方向に強化される（図表1-1）。組織のニーズに合わせて垂直および水平のバランスのよい組織を設計することが必要であり、垂直方向と水平方向のメカニズムの間にある本来的な対立を克服することが重要課題となる。

図表 1-1　効率重視型と学習重視型の組織構造の比較

効率重視の垂直型組織　　　　　　　　学習重視の水平型組織

水平方向構造を重視
・業務の共有化、権限委譲
・ゆるやかな階層構造、少ない規則
・水平方向のコミュニケーション
・多くのチームやタスクフォース
・分散化された意思決定

重視される構造

垂直方向構造を重視
・業務の専門化
・厳密な階層構造、多くの規則
・垂直方向のコミュニケーションと直属関係
・チームやタスクフォースが少ない
・中央集権化された意思決定

出所：ダフト（2001）訳書 P.57

2　ハイパー・オープン・システム

　組織は外部と交通するオープン・システム（open system）であるが、今後は外部との境界線がきわめてあいまいになっていくことを想定する必要がある。

　旅行会社のクラブツーリズム社は、従来の旅行会社と大きく異なり、顧客参画型の事業を展開している。同社は近畿日本ツーリスト社の渋谷営業所が1980年に設置したダイレクト・マーケティング部門を発祥としており、現在は親会社と同業ではあるものの「全く違う会社」になった。

　クラブツーリズム社の顧客参画制度（図表1-2）は、顧客を事業運営の一翼として取り込み、教育・訓練し、もちろん報酬も支払われる。ダイレクト・マーケティングを成功させるために、それに適合した組織に自らを変容させたのである。

図表 1-2　クラブツーリズム社の顧客参画制度

エコースタッフ	顧客が発行媒体の配布業務に従事。制度発足 1993 年、約 7000 名が活動。スタッフ 1 人当たりの平均配布世帯数は 220 世帯で、配布手数料が支払われる。
フェローフレンドリースタッフ	顧客がツアー添乗業務に従事。制度発足 1996 年、厳しい研修を修了した約 650 名が活動。約 1 割はジェントルスタッフに任用。
トラベルサポーター	顧客がバリアフリーツアーの支援業務に従事。制度発足 1998 年、ホームヘルパー 2 級以上の福祉資格、看護師などの有資格者で旅行支援者養成講座を修了した約 300 名が活動。
モニタースタッフ	顧客がツアーのモニタリング業務に従事。制度発足 2007 年、約 3000 名が不定期で活動。
ドリームツアー企画提案者	顧客がツアーの企画提案業務に従事。制度発足 2007 年、海外ツアーのヘビーリピーターの中から企画担当者が選定・適宜登用し、企画会議を実施。

　今後のマーケティングは、顧客個人と直接的なコミュニケーションをとるダイレクト・マーケティングが主流になっていくといわれている。その流れに乗るためにはクラブツーリズム社のようなハイパー(超)・オープン・システム（hyper-open system）に組織を変革していくことも 1 つの経営戦略であろう。なお、同社の場合は本社主導ではなく営業所の有志の意思で新しい組織を立ち上げており、「革新は辺境から起こる」の好例でもある。

第3節
組織開発とは

1 組織開発の代表的な定義

　組織開発の定義にはさまざまなものがある。図表 1-3 は、代表的な定義を示したものである。

図表 1-3 組織開発の代表的定義

ベックハード（1969）	組織開発とは、①計画されたものであること、②組織全体にかかわること、③トップが管理すること、④組織の効率と健康を増進すること、⑤行動科学の知識を使って組織過程に計画的に介入を行うことである。
フレンチ（1969）	組織開発とは、組織内外の行動科学の専門家や変革推進者の助けを借りて、組織の問題解決能力と外部環境の変化に対応する能力を向上させるために長期的に努力することである。
バーク（1982）	組織開発とは、行動科学の技術、研究、理論を利用して組織文化を変革する計画的なプロセスである。
カミングス＝ワーレイ（2008）	組織開発は、組織の有効性を向上させるために、組織の戦略、構造、プロセスを計画的に開発・強化する行動科学の知見の体系である。

　自らが組織開発の創始者であると述べているベックハード（1969）によれば、組織開発のコンセプトは以下のようになる。
　①組織開発がめざす組織は「効率的で健康な組織」である。効率的とは業務が円滑に遂行されることであり、健康とは組織成員がやりがいを感じ、生き生きと仕事に取り組めることである。

②組織開発には多大な時間・人員・費用といった資源が投入され、組織全体で長期にわたり計画的に進める必要がある。そのためトップが十分に関与しなければ組織開発は不可能である（また組織文化を変革していくうえで最も重要なのはトップのリーダーシップといわれている）。

③組織全体に働きかけることのみを組織開発というのではないが、変革すべきターゲットは組織（トータル・システム）であり、個人の変革はシステムを変革する（誘発的・間接的）結果として起こる。それゆえ組織開発はトータル・システム・アプローチであり、トータル・システムを対象としない場合（たとえば、個人の能力開発を対象にした研修のみを実施する場合）は組織開発といえない。

またベックハードは次のように述べている。

「将来的に予想される（あるいは予想されない）要件に合致するような組織風土、作業方法、相互関係、コミュニケーションシステムと情報システムを開発する、長期の調整のとれた戦略がどうしても必要であり、そのためにシステマティックに計画的に変化させる努力（＝組織開発）が生まれた」

図表1-3のフレンチ（1969）の定義からは、組織開発において内外の専門家（ODプラクティショナー）の役割が重要であり、また人間関係論にとどまらず組織の外部環境への適応能力に注目していることがわかる。

バーク（1982）は、「組織開発の目的は組織文化の変革だ」としているが、そのころ経営学では環境に適応する組織文化の概念が注目されるようになっていた。

カミングスとワーレイ（2008）は、「組織は成果をあげなければならない存在であり、そのために組織開発が必要である」と考えている。また「組織開発は、組織のソフト面だけでなく戦略や構造といったハードの面まで含めて扱うものだ」としている。

なお組織開発の定義に関連して、稲葉（1973）は組織開発の持つ重要な特徴を5点あげている（図表1-4）。

図表 1-4 組織開発の特徴

①組織の文化に働きかけて組織の活性化をはかろうとする。
②従来のように権力関係の格差化を通じてではなく、逆にその関係を対等化することによって管理の実をあげようとする(参画、民主的運営、協働)。
③集団を徹底的に重視する。操作の対象は個人ではなく、常に集団である。
④組織内部の成員だけでは十分な成果をあげることができないため部外者の支援をあおぐ。
⑤行動科学の具体的ならびに系統的な適用をはかる。

出所:稲葉(1973) P.7-8 を要約

ここで、「組織開発」という言葉の意味と、組織開発の定義に共通している「行動科学」について補足をしておこう。

■**組織開発という言葉について**

Organization Development(OD)は米国で始められた。時折、Organizational Development と記述されていることがあるが、OD は「組織的なこと全般」ではなく、「組織を直接対象にしている」ため誤った記述とされる。

日本では「組織開発」と翻訳された Organization Development という言葉は、ブレーク、シェパード、ムートンの 3 人が同じころに用いたといわれているが、ベックハードは自身が最初に用いたといっている。マーシャク(2012)は、「OD という言葉は 1959 年から使われた」と述べている。なおベックハードは 1967 年、NTL を中核組織として OD ネットワークを立ち上げている。

また Development は「開発」と訳されたが、発達、発展、進化、成長という意味もあり、どのような訳語をあてるかによってニュアンスが若干異なってくるのではないだろうか(日本に紹介・導入された当時は組織も未成熟な段階であったために「開発」という和訳が適していたのかもしれないが)。

稲葉(1975)は、「Development には、進化・成長という自然的経時的

な概念と、開発・発展という計画的活動的な概念が含まれている」が、「組織開発論における概念は、後者の考え方に力点が置かれている」と述べている。またマーシャク（2012）は、「成長、よくできるようになる、広げる、高めるということが含まれており、あたかも植物を育てるときのように、水をやったり世話をしたりして成長を促すことを Development という」と述べている。

なお、OD の教科書的書物として、"The NTL Handbook of Organization Development and Change"（ジョーンズ他編、2006）や "Organization Development & Change"（カミングス＝ワーレイ、たとえば第 9 版は 2008）があるが、いずれも change を付け加えている。同様の表現として、ドラッカーの Management By Objectives（目標による管理）を Management By Objectives & Self-control（目標による管理と自己統制）と表記する場合があるが、意図は共通していると思われる。すなわちドラッカーは、人（管理者）が人（部下）を管理するのでなく、目標によって自己統制するマネジメントであることを強調したのである。OD においては、「組織変革をともなわない OD はない」ことを強調していると考えられるのである。

なお、このことは、たとえばプロセス、人的資源、組織文化といったソフト要因に重点を置く組織開発（Organization Development）のみならず、戦略・組織構造・制度といったハード要因に重点を置く組織変革（Organization Change）の両面を視野に置かなければならないというインプリケーション（含意）があるように思われる。

■**行動科学について**

組織開発の定義はさまざまあるが、共通しているのは「行動科学（behavioral science）の知見を利用する」ことである。

行動科学とは、『日本大百科全書』（小学館）によれば、「人間行動を、①総合的にとらえ、②厳密な科学的手法によって観察・記録・分析し、③

その法則性を明らかにすることによって予測可能性を高め、④社会の計画的な制御や管理のための技術を開発しようとする、科学の動向を総称する」（執筆者：大塩俊介）と定義されている。

　行動科学という言葉が初めて使われたのは、1940年代末、シカゴ大学の研究者たちによってだといわれている。その後、1950年代にフォード財団が行動科学に多額の研究助成を行ってから一般化していった。第2次世界大戦では自然科学の目覚ましい発達によって大量破壊兵器が開発・使用され、世界中で数千万の人々が犠牲になった。一方、社会科学の発達は遅れ、人類の大惨事を目の当たりにしてもなす術がなかった。そのような背景から、人間行動の科学的研究への関心が高まっていったのである。行動科学研究は当初は心理学が主導したが、社会学、文化人類学、政治学、法学、経済学、経営学、地理学、精神医学、生理学、生物学、統計学などが加わり学際的になっていった。

　米谷（2012）によると、行動科学的アプローチは、学際的アプローチと問題解決的アプローチという2つの特徴を持つ。学際的アプローチとは、「諸科学の研究者や専門家が、チームを組んだり、互いに協力しながら1つの問題に関わっていこうとする姿勢」であり、問題解決的アプローチとは、「何らかの対策を講じることが必要な数多くの現実的問題を解決していこうとする姿勢」である。

　経営における行動科学は、主に意思決定過程と人間行動（モチベーション、リーダーシップ、集団力学など）に関する領域が中心となっており、これまで膨大な知見が蓄積されている。繰り返しになるが、組織開発は行動科学の知識を活用することを重要要件にしている。かつてはチーム・ビルディングや小集団活動などの手法があり、最近ではコーチング、ファシリテーション、フューチャーサーチ、ワールド・カフェなどがあるが、1つの手法を導入することをもって組織開発とはいえないのである。たとえばコーチングを全社的に導入したが成果がなかなかあがらないといった場合、

組織開発に対する認識・理解が不足していた、および行動科学の知識を活用していなかったと考える必要がある。経営組織は動態的で複雑なメカニズムを持って競争的事業活動を行っているため、総合的かつ統合的なアプローチで組織開発に取り組もうという心構えが必要である。

2 組織開発の基本となる考え方

❶ 組織開発の価値観

企業が経営理念を組織の憲法と考えるように、組織開発は「価値観（OD Values）」を非常に重視している。組織開発の根底には、組織生活を豊かなものにしようという人間主義的な価値観がある。組織開発の総本山といってもよい NTL のハンドブックにある OD Values は、図表 1-5 のとおりである。

また、人間主義的価値観を重視する組織開発には、さまざまな行動科学的知見や実践的手法が蓄積されている。「真に人を活かすことで事業を成長・発展させる経営」を実現していくために、それらを活用することができる。

図表 1-5 組織開発の価値観（OD Values）

① A humanistic philosophy（人間主義）…人を大切にする。人が犠牲になる組織発展はありえない
② Democratic principles（民主的）…民主的に進める。参画による展開
③ Client-centered consulting（クライアント中心のコンサルティング）…コンサルタントはクライアントの意向を優先する
④ An evolving social-ecological systems orientation（社会生態システムの発展重視）…特定の組織の発展を目指すのではない。社会生態系の調和的発展をめざす

出所：マーシャク（2006）P.16 をもとに作成

❷ 組織開発の評価指標

 1960年代後半になると、個人、個人間、集団、集団間の成長や関係改善を対象としたトレーニング中心だった組織開発が、組織を計画的に変革することによって将来も存続し発展させるための取り組みになっていく。そのため組織開発を経営的に評価する指標が必要となった。

 ブレークとムートン（1969）は、企業が「りっぱ」であるかどうかを診断・測定する尺度を4つあげている。

①財務成績（一株当たり利益、配当政策、資産の増大、資本構成、財務計画）
②戦略計画（明確で戦略的な企業モデル、市場の成長率、技術、新規の事業活動、シナジー、大変動に対する計画、多角化）
③全社的なリーダーシップ（機構、集権と分権、方針、後継者の養成、トップの努力）
④業務運営（人材、財務管理、生産、販売活動、研究開発）

 つまり、組織開発が普及するようになって間もなく、全体システムのアウトプットを評価対象にしていたわけである。

❸ チェンジ・マネジメントとの違い

 マーシャク（2005、2012）は、1980年代に始まったリストラクチュアリングやBPRなどの流れをチェンジ・マネジメント（change management）として、組織開発と区別した（図表1-6）。

 チェンジ・マネジメントも組織開発も組織変革をめざすものであるが、「もととなっている価値（中心的価値）」に大きな違いがある。チェンジ・マネジメントの中心的価値は「経済性」であり、成果や結果を強調する。一方、組織開発の中心的価値は「人間性」であり、成果を直接求めず、成果に至るプロセスを強調する。また変革を起こすために、チェンジ・マネジメントは少数のリーダーが主導し「方向づける」が、組織開発はメンバーを巻き込む（参画させる）ために「ファシリテーションをしたり、コーチ

図表 1-6 チェンジ・マネジメントと組織開発の比較

変革アプローチ	重視する点	方法	中心的価値	変革マネジメントの要点
チェンジ・マネジメント	成果	少数の者が主導	経済性	工学的技術を用いることと指揮すること
組織開発	プロセス	参画による進行	人間性	ファシリテーションとコーチング

出所：マーシャク（2005）P.24

ングを行ったりする」。どちらを適用するかは与件によって異なるだろうが、組織開発では多くの研究・実践者が「当事者を初期段階から参画させる」ことの重要性と効果を指摘している。

❹ 集合教育との違い

　組織開発の実施段階ではさまざまな研修や会合が重要な役割を果たす。稲葉（1975）は、「管理者個々人の専門的な能力を改善することに力点を置くものがマネジメント・デベロップメント（Management Development）であるのに対し、OD（Organization Development）は決して個人に働きかけるのではなく、1つの社会体系に働きかけるもの」として区別する。実際の組織開発の過程では、必要があれば管理者個々人のマネジメント能力を引き上げるための研修を行うこともあるが、管理者研修、監督者研修、中堅社員研修、リーダーシップ研修といった集合教育を階層別・制度的に実施していることと組織開発に取り組んでいることとは線引きしなければならない。

　フライシュマン（1953）によるインターナショナル・ハーベスター社での監督者訓練は組織開発の先駆として重要性が高い。同社でフライシュマンが行った監督者を対象としたリーダーシップ訓練後の効果測定において、

訓練直後は顕著に効果が表れたものの、徐々にもとどおりになったばかりでなく、一部は訓練以前よりはるかに悪化したケースまで出現した。追加調査の結果、訓練を受けた監督者のリーダーシップは、その上司の態度や行動と直接的な関係があり、その関係は訓練の影響よりも強いことがわかった。すなわち、訓練直後の監督者はそれまでの権威的行動を民主的リーダーシップに変えようとするが、訓練を受けていない上司はそれを認めず、「何をやっているんだ。ここではそんなやり方は通用しない。これまでどおりでよい」と圧力をかけたのである。

シャイン（1972）は、フライシュマンの研究について、「トレーニングの影響は、参加者が所属する部門の文化、もしくは風土と密接な関係があった」と説明している。バーク（1982）は、「組織変化は個人の変容戦略の結果として起きるものではない」と述べている。

また組織開発では、システム・アプローチを行うこと、および組織変革として組織文化の変容をはかることを重視している。なぜなら、集合研修のみでは十分な効果をあげられないからである。

❺ 人間関係論との違い

1910年代に提唱された科学的管理法は、作業条件の改善によって生産性を向上させることに主眼を置いていた。一方、1930年代になると科学的管理法に対して、人間関係の改善によって従業員の満足度やモラール（士気）が向上すると生産性が高まることを指摘した人間関係論が登場した。人間関係論は1950年代に最盛期を迎えたが、人間尊重を偏重する傾向が強まっていったのも事実である。その後、組織目標の達成と人間主義を両立させようというドラッカーの統合マネジメント（目標による管理）などによって発展的に解消していった。

なお、組織開発も人間性を尊重する点では変わりはなく、創始期は人間関係論との区別がつきにくかった。しかし、人間関係論は小集団や対面的

関係の枠組みである一方、組織開発はシステム志向で、組織という社会システムを対象として組織の変革をめざすものとして違いが明らかになっていった。

第4節
組織開発の系譜

　組織開発には、およそ60年の歴史があり、その間に多くの理論と実践が生まれた。組織開発は行動科学としてさまざまな学問領域にまたがって発展し、また強い実践志向を持つことから実践の場でさまざまな手法が生まれ、変化していった。学問的動向のみでなく、社会的動向からも影響を受けた。

　組織開発が起こり、盛んに行われるようになると、実践的であるがゆえに、多元化、多様化していく。亀田（1987）は、「組織開発論がその固有の特質を精錬し、凝縮してきたというよりは、多岐にわたる内容と異なる性格を持つ諸技法を混合させ、かえってその特質を不明確にさせてきた」という。その理由は、「生成の当初からすぐれて実践的な志向を持っていたことに由来する」としている。また、変革援助者（change agent）は「顧客としての対象システム（client system）のニーズに応じて、多様な接近方法や介入活動（intervention）を問題志向的に動員する」ため「組織開発は、雑多な諸技法を一括したバンドワゴン状態を呈することになる」と述べている。

　いろいろな楽器の奏者が乗り合わせたバンドワゴン（カーニバルなどで見られる楽隊車）状態なるがゆえに、組織開発の全体を理解することは骨が折れるかもしれない。また組織開発は実践的であるがゆえに、メソッド（秩序だったやり方）を型どおりに適用しようとしてもうまくはいかないだろう。ミンツバーグ（2004）流にいえば、現実の組織開発は、いろいろな行動科学的知見（science）と手法（technique）を利用し、経験（craft）を活かしながら状況に適切に対応していく（art）ことが求められるのである。

1 組織開発の起源

亀田（1987）は、組織開発生成期の特質として以下の6点をあげている。
①集団または組織成員としての個人の意識・態度に直接働きかけて、その変容をはかること
②その目的は、主として対人関係の改善、協働関係の向上にあること
③個人の変容要求を内発させること
④組織内集団を第一次的な標的とし、順次これを全体へと拡大させる方向性を持つこと
⑤集団または組織の過程的側面を変容対象に取り上げること
⑥管理者・監督者層が重点対象になること

また亀田は、組織開発の最も基礎的な過程と位置づけられるものは、「チームづくり（team building）」と呼ばれる職場開発のための手法と、そこでの問題解決あるいは対人関係改善の過程に適用される「サーベイ・フィードバック（survey research and data feedback）」の2つであるとした（この2つが併用して実施されたときが組織開発の起源となる）。

チームづくりの起源は、1946年に米国コネティカット州人種関係委員会からの依頼でレヴィンらが行ったリーダー訓練とされている。その後Tグループ*としてトレーニングの対象が、個人→個人間関係→集団→集団間関係と拡大していき、対象が集団（チーム）のレベルになったときに組織開発の領域に入ったといえる。

サーベイ・フィードバックは、1945年にレヴィンがMIT（マサチューセッツ工科大学）に創設した集団力学研究センターでの研究手法として始められたが、フロイド・マンが1948年にデトロイト・エディソン社で適用したのが最も初期の事例とされる。それは、組織成員の態度を客観的データ

＊ Training Group のことを通常、Tグループといっている。また、Sensitivity Training ともいわれ、日本ではSTあるいは感受性訓練と呼んだ。

としてフィードバックすることによって成員各自の態度変容を迫り、成員自らが改善計画を立案することで変容効果を高めようとしたものである。

そして2つ同時の適用事例となったのが、1957年、マグレガーがユニオン・カーバイド社のライン管理者集団に対して行ったサーベイ・フィードバックと、これを利用したチームづくりであった。亀田の定義では、このころが組織開発の始まりとなる。

2 組織開発の系統

組織開発の歴史研究については、亀田（1987）、中村（2007）、西川（2009）などが行っているが、本書ではカミングスとワーレイ（2008 他）による系統的整理によって紹介したい。

カミングスとワーレイによれば、現在の組織開発に至るまでには主だった5つの系統（バックグラウンド）がある（図表1-7）。第1は、Tグループ（感受性訓練）を主体としたラボラトリー・トレーニングの系統である。第2は、マネジメント変革への応用に関心を持つ社会学者によって行われたアクション・リサーチとサーベイ・フィードバックの系統である。第3は、ワン・ベスト・ウェイ（唯一最善の方法）を提示する規範的組織開発理論の系統であり、第4は、生産性やQWL（Quality of Work Life：労働生活の質）向上に焦点をあてた系統である。そして第5は、現在の組織開発に最も影響している戦略的変革の系統である。

なお、それぞれの系統が独立して発展したのではなく、たとえば科学的方法論としてのアクション・リサーチは他の系統の発展の基盤となったり、またアクション・リサーチ研究の過程でラボラトリー・トレーニングが生まれてきたりというように、系統間に関連性があることに注意が必要である。

第 1 章　組織開発とは何か

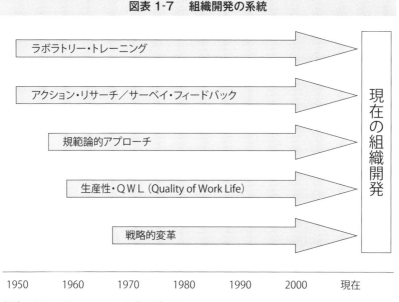

図表 1-7　組織開発の系統

出所：カミングス＝ワーレイ（2008）P.7

❶ ラボラトリー・トレーニングの系統

■レヴィンの功績

クルト・レヴィン（1890 生 -1947 没）はドイツ生まれの心理学者で、1934 年に米国に移住した。場の理論、集団力学、アクション・リサーチ、ラボラトリー・トレーニング、変革の 3 段階といった研究業績から組織開発の先駆者と位置づけられている。

場の理論（field theory）は、レヴィンの公式　B=f（P, E）として知られている。すなわち組織における人間の行動 B（behavior）は、その人の特性 P（personality）と、その人が置かれた状況 E（environment）によって決定されるというものである（f は function= 関数）。個人の知覚・感情・行動は、所属する集団の影響を受けている。組織内の人間行動は単に個人的欲求にしたがった結果ではなく、人間と環境の相互作用によって具現化

するものであるから、期待行動を得るためには、個人特性の変化だけでなく環境を操作することも重要となる。

レヴィンを始祖として1930年代末に始まったのが集団力学（group dynamics）研究であり、集団の性質、集団発達の法則、集団と個人の関係、集団と集団の関係、集団と制度の関係を研究領域とする。

集団が形成されていくと、成員がどのように行動すべきかに関する標準的な準拠枠（集団規範）が生まれ、それに同調させようとする集団圧力が働く。さらに集団目標、リーダーの特性やリーダーシップ機能、集団の構造のあり方も集団の生産性や成員の満足度に影響を及ぼす。たとえば、従業員の決定への参画が生産性向上に正比例し、離職率に反比例することを発見したフレンチによるハーウッド研究は、産業におけるマネジメントの焦点を、それまでの機械的・工学的方法から、社会的・心理的考え方に移行させたといわれる。集団力学研究は、組織開発においても大きな影響を与えたのである。

■ Tグループ発祥の経緯

さてラボラトリー・トレーニングの系統であるが、レヴィンの友人であったアルフレッド・マローの著書『クルト・レヴィン－その生涯と業績（邦題）』（1969）によれば、Tグループが行われるようになったきっかけはこうである。

1946年の夏、コネティカット州人種関係委員会のフランク・シンプソンからレヴィンに電話があった。同委員会は、地域社会の人種的・宗教的偏見と戦うための効果的な手段を研究しており、現場指導者を育成するためにレヴィンの援助を求めてきたのである。レヴィンはこの依頼を、後述するアクション・リサーチ研究の一環として引き受けた。

50～60人の訓練生の大部分は教育者か社会事業機関で働く人たちで、約半数は黒人とユダヤ人であった。訓練期間は2週間で、夜は大部分の訓

練生は家族のもとに帰っていったが、残った者は何もすることがなかったので研究スタッフのミーティングに参加するよう勧誘された。

毎晩、レヴィンたちMITの研究スタッフは昼間の訓練生の行動について論議していた。訓練生の行動について論議する場所に訓練を受けている者が参加するのは悪い結果を与えるのではないかと心配するスタッフも多かったが、レヴィンは「研究者だけがデータを私有する理由はないし、訓練を受けている者にフィードバックすることが役に立たないと考える根拠もない」と主張したのである。

そうして夜のミーティングに参加した3人の訓練生のうちの1人が、観察者が述べた自分の行動の解釈について口をはさんだ。その後、訓練生と研究スタッフの間で活発な問答が行われた。以来、夜のミーティングへの参加者が増え、研究スタッフと訓練生の活発な話し合いが行われるようになった。その結果、研究者と訓練生との話し合いが、観察データを確かめ訓練生の行動を解釈する独特のやり方だということがわかった。

また、フィードバックによって訓練生は以前よりも自分たちの行動に対して敏感になるとともに、健全で建設的な批評が行われるようになったことから、Tグループのフィードバック機能が発見されたのである。そして訓練終了後の面接で訓練生たちは、「他人の気持ちに対する感受性が増した」と話した。

レヴィンは1947年2月に心臓発作で急死したが、その年の夏にはNTLが創設されてBST（Basic Skill Training）グループが実施された。この手法がTグループと呼ばれるようになったのは1949年からである。研究室（laboratory）において互いに知らない参加者（stranger）集団で訓練が行われたことから、ラボラトリー・トレーニングともいわれる。

■ Tグループの発展と衰退

自主的学習集団であるTグループによる訓練方法は感受性訓練（Sensitivity Training：ST）とも呼ばれ、①対人関係の改善を主な目的にするもの、②個人行動の諸側面（たとえば、感情、身体、感覚など）の成長を主な目的にするもの、③特定の組織の問題を解決することを主な目的とするもの、という3つの方向性で利用されるようになった。

　また、1950年代の後半、Tグループは変革に対する教育的手段になるとして、企業の組織変革に適用されるようになり、組織開発の介入策の一環として定着することになったが、その後、組織行動変容の効果に疑問が持たれるようになっていった。Tグループは、日常から離れた状況下（ラボラトリー）で、赤の他人（ストレンジャー）とともに訓練を受けて対人関係能力を向上させようとするものであるが、現実の職場では訓練の効果が波及しないと明確に認識されるようになったのである（移植のジレンマ）。したがってTグループそのものは組織開発の介入策として衰退していくが、一部の技法はチーム・ビルディング（チームづくり）に引き継がれていった。チーム・ビルディングは、今日の組織開発においても一般的に行われている。

　日本にTグループが導入されたのは1960年代である。初期段階では個人の変容、対人関係スキルの向上が主なねらいであったが、米国ではきわめて前向きに受け止められたにもかかわらず、日本人にはむしろ適合しなかった。日本人は、メンバー同士に面識がないストレンジャー型で行う場合でも強いストレスを感じる人が多いが、企業内研修としてファミリー（職場）型で普及した結果、訓練によって大きな精神的ダメージを受ける人が出現し、多くの人々が警戒・敬遠するようになっていった。このことから、ファミリー型で行う場合、感情面（対人関係）に重点を置くのではなく、むしろ仕事を遂行するために必要な役割関係の改善に重点を置いて実施する必要がある。

　なお現在もNTLはTグループの総本山として存続しており、米国の大学（たとえばUCLA、スタンフォード、ペッパーダイン、アメリカンなど）

においてもTグループを学ぶことができる。日本では、南山大学人間関係研究センターなどがラボラトリー方式の体験学習としてTグループを行っている。

❷ アクション・リサーチおよびサーベイ・フィードバックの系統
■アクション・リサーチ

　アクション・リサーチ（action research）は、1940年代にクルト・レヴィン、ジョン・コリヤー、ウイリアム・ワイテによって創始された。『経営学大辞典』（1989）では次のように定義されている。

　「アクション・リサーチとは、実践問題を、行動科学の基礎概念と方法を適用することによって解決しようとする研究であり、純粋科学で明らかにされた原理のたんなる実際場面への適応にとどまらず、変化手続きを内包した研究である。すなわちアクション・リサーチでは、理論仮説の構築およびその検証という基礎研究を通じて生活体の行動の法則性を追及することにとどまらず、その行動を実際場面で変容し、しかも変容した新しい行動が以前の行動水準に逆戻りしないように安定化させるところまで含んでいる」（執筆者：三隅二不二）

　実践としてはリサーチ（調査）が先で、次にアクション（実践・行動・措置）となる。リサーチが先行するのは、必要なアクションを起こす中心的な領域を決定するため、あるいはリサーチ・データが何を示すかという解釈にもとづいてアクションするためである。レヴィンが「リサーチなしのアクションなし、アクションなしのリサーチなし」といっているように、アクションとリサーチは一体化している。

　アクション・リサーチは組織マネジメントにも利用できることが発見された。たとえば、レスター・コッチとジョン・フレンチによる「従業員の変化抵抗を克服するための計画的変革およびマネジメント変革」のアクション・リサーチは、「従業員参加」の効果を証明することになった。以来、

アクション・リサーチによって発見された多くの研究成果を利用して組織開発が実践されている。

■サーベイ・フィードバック

　組織開発におけるデータ収集は、主に面接、質問集、観察、文書・記録によって専門的スキルを持った OD プラクティショナーが行う。収集されたサーベイ・データは、顧客システム（client system）にフィードバックされる。これがサーベイ・フィードバック（survey feedback）である。フィードバックされたデータは、OD プラクティショナーの援助を受けながら顧客システム主体で分析・解釈し、組織変革のための計画が策定され、そのうえで実行に移されることになる。このようにアクション・リサーチとサーベイ・フィードバックは組織開発では一対であり、切り離すことができない。

　なおサーベイ面では、態度調査から組織文化診断などへの発展があった。またフィードバック面では、1950 年前後にレンシス・リッカートとフロイド・マンがデトロイト・エディソン社で行った「連結された会議」（まずトップ・マネジメントに報告し、次に組織全体への伝達を行う。フィードバック・セッションではタスク・グループが中心となって監督者とその直属の部下がデータをもとに議論する）というフィードバック過程が開発され、重要な改革の場合にフィードバックを受けた人々は、そうでない人々よりも仕事への満足度が高いことが発見された。またシャイン（1969 他）により、フィードバック哲学ともいえるプロセス・コンサルテーション（第 5 章第 1 節で解説）が提唱されるようになった。

❸ 規範論的アプローチの系統
■ワン・ベスト・ウェイ

　規範論的アプローチは、組織開発の理論・方法にワン・ベスト・ウェイ

(one best way) を提示しようというものである。一般的に人々は社会科学に対しても自然科学に対してと同じくらい定理や法則、原理原則を求めようとする。行動科学としての組織開発においても、研究者がワン・ベスト・ウェイの発見をめざしていたのは当然のことであった。

組織開発の研究者は、「健全な組織（望ましい組織）」とそのための組織変革の方法を実証的研究によって明らかにしようとした。リッカート（1967）はマネジメント・システムを4つに分類し、システム4（参加的集団型）を最善として、システム1（独善専制型）、システム2（温情専制型）、システム3（協議型）から移行することを提唱した。またブレークとムートン（1964）は、マネジリアル・グリッド理論によるグリッドODプログラムを提唱した。マネジリアル・グリッドはリーダーシップの行動スタイルを「人間に対する関心」と「業績に対する関心」の2側面からとらえた理論で、「業績を達成しようとする管理行動」と「人間関係に配慮する管理行動」が両立して高い（Hi-Hi）状態を9・9型とし、それを目標にマネジメントを変革していこうというものである（図表1-8）。

なお、この規範論的アプローチは独立したアプローチではなく、たとえばリッカートの組織変革の取り組みにもアクション・リサーチやサーベイ・フィードバックの手法が取り入れられている。

また当時は、マグレガー（1960）の著書『企業の人間的側面（邦題）』に見られるように、人間主義的で民主的な価値観が社会的トレンドとなった時代でもあったため組織開発も人間性を重視する傾向にあったが、ゆとりのある米国企業の経営側はそれを受け入れていた。しかしその後、米国では不況や国際的産業競争力の低下などによって経済・経営環境が厳しくなり、1970年前後になると経営者は業績効果や即効性を求め、人間性を重視する組織開発は受け入れられなくなっていった。

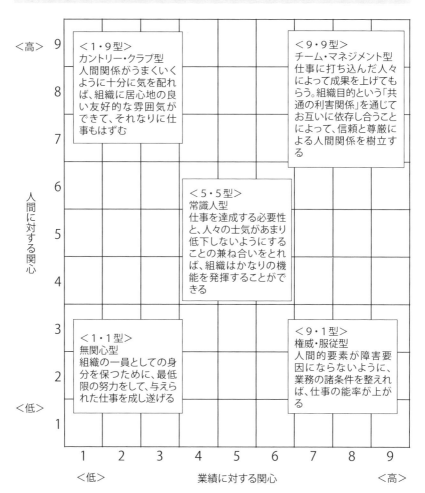

図表 1-8　マネジリアル・グリッド

出所：ブレーク＝ムートン（1978）訳書 P.20

■コンティンジェンシー理論

　一方、普遍理論（universal theory）の有効性に疑問を呈するローレンスとローシュ（1967）のコンティンジェンシー（条件適合）理論（contingency theory) が急速に台頭し、組織開発の規範論的アプローチにも影響を与えるようになった。なお、コンティンジェンシー理論はこれまでの組織開発の知見を全否定するものではなく、条件によって有効性が異なる場合があるというものである。また亀田 (1987) は、コンティンジェンシー理論が組織開発論に与えた影響として次の3点をあげている。

①組織の内部要因を重視する立場から、組織の外部環境への適応性に視界を広げさせた。
②人間行動を変容させるための手段として組織構造の利用を示唆した。
③介入活動の対象を個人あるいは集団に対して重点を置くのではなくトータル・システムとしての組織全体を標的にすべきとした。

バーク (1982) は組織開発の目標を組織文化の変革に置いている。そして彼自身の OD プラクティショナーとしての実践において、組織をオープン・システムと認識すること、必要な制度変更も行うこと、トータル・システムとして介入することの重要性を指摘している。

❹ 生産性と QWL の系統
■社会・技術システム論と自律的作業集団

組織開発の源流はすべて米国にあるわけではない。ロンドンにあるタビストック研究所 (1947設立) のエリック・トリスト (1909生-1993没) やフレデリック・エメリー (1925生-1997没) らは社会・技術システム (socio-technical system) 論を開発した。20世紀初頭においては画期的であったテイラー (1912) の科学的管理法では、計画職能と作業職能を分離し、作業職能は自律を認められず、細分化された単純作業に従事すべきとされた。そうすることによって作業効率は上がるはずであったが、一方で作業者の不満を抑えるためにさまざまな工夫が必要であった。イギリス、アイルランド、ノルウェー、スウェーデンなどヨーロッパの国々で行われたアクション・リサーチから開発された社会・技術システム論は、

①組織はオープン・システムであり外部環境と交通している。また、
　②組織は社会システムと技術システムという両サブシステムが相関している。したがって、
　③組織は外部環境の変化に柔軟に対応し、社会システムと技術システムが最適に連結されなければならない

というものである。③を「合成（同時）最適化」というが、当然の帰結として唯一最善の構造設計は否定されるために、継続的に学習する性質を組織に組み込まなければならないが、このモデルが「自律的（自主管理）作業集団」であった。自律的作業集団は、課業のパフォーマンスを管理するために必要な自治と情報を与えられたさまざまなスキルを持つメンバーから成り立つ集団である。

■ QWLという概念の登場

　一方、米国には、ハーズバーグ（1959）の動機づけ・衛生理論を理論的基礎とした職務拡大（job enlargement）と職務充実（job enrichment）による職務再設計（job redesign）、組織と人間の統合（アージリス 1957）、企業の人間的側面（マグレガー 1960）など人間性を重視する多くの理論や思想があり、テイラーイズムとは異なる立場をとっていた。人間と技術のよりよい統合を目的とした社会・技術システム論は1960年代に米国に渡り、1960年代後半にはQWL（労働生活の質。日本では「労働の人間化」ともいわれる）という概念になっていく。ちなみに荻原（1979）によれば、QWLという用語を初めて使用したのは、カリフォルニア大学経営大学院教授のルイス・ディヴィスで、「職場における人間的次元（生活の質的側面）があまりにも忘れられているのは先進産業社会の問題点だ」と主張し、積極的な啓蒙を行ったという。

　ベルトコンベアを廃止して、自律的作業集団などのQWL手法が導入されることによって、アブセンティズム（無断欠勤）、サボタージュ（怠業）

が減少し、従業員を経営に参画させることによりモチベーションが向上した。また従業員に対する教育、能力開発も積極的に行われるようになった。

QWLは、1971年にニューヨークでQWLに関する国際会議が開かれてからは急速な展開を見せ、1974年のILO（International Labour Organization：国際労働機関）総会では労働環境改善に関する決議が行われた。またOECD（Organization for Economic Co-operation and Development：経済協力開発機構）もQWLに積極的な関心を示すようになった。

■ **QWLの展開と特質**

当初のQWLは、労使（組合と経営者）が協調して労働環境を改善することや労使協議会による従業員の経営参画が中心であった。その後、たとえば米国の自動車産業においては、生産効率の悪化や競争力の低下によって経営状態がきわめて悪化していく中で、労働組合に対しても品質への責任と会社への帰属意識を求めるというようにQWL運動の質的変化が見られるようになった。

QWLを労務管理として位置づける人もいるが、組織開発の研究者はQWLもまた組織開発の1つの系統として現在につながっていると考えている。人間的側面を重視する組織開発の思想（OD Values）に合致するものとしてQWLが組織開発の一側面になったのである。QWLは労使協調による組織改善運動であり、QWLは組織開発の一部であるとする見方と、組織開発がQWLの一部であるとする見方がある。

また、QWLの主体者は企業関係者（経営者、従業員、組合）でありアカデミズムではなかったことが特筆される。1980年にトロントで行われた国際QWL会議には1800人以上が参加したが、それまでのアカデミズム中心であった会議と異なり、主な発表者は管理者、作業者、公的・私的企業の組合員であった。そして労働生活の質的向上が生産性の向上と同列に語られるようになったことで、もとより実践的であるという組織開発の

特性が強化された。

■ QWL から QC、TQM、そして EI へ

　QWL はイデオロギー運動としての側面も併せ持っていた。すなわち、敵対的労使関係から協調的労使関係に移行する革命的な運動でもあった（日本では QWL を「労働の人間化」と呼ぶのもその表れである）。デミング博士が日本の企業関係者に教えた統計的品質管理手法は、本来は QWL の思想を重視するものであったが、日本ではその点はあまり認識されず、QC（Quality Control：品質管理）サークルという品質向上のための自主的活動として大々的に実施された。日本製品の品質が高い評価を受けるようになると米国でも QC が注目されるようになったが、米国ではデミング博士の思想を受け入れたうえで TQM（Total Quality Management）という経営戦略レベルの取り組みになっていった。

　カミングスとワーレイ（2008）によれば、QWL の新しい局面は EI（Employee Involvement：従業員参画）として今日に至っている。QWL に対して EI は、「従業員が組織運営にもっと柔軟に、生産的に、協力して参画することをねらいとして、従業員エンパワーメントを含む、より包括的なもの」とされている。

❺ 戦略的変革の系統
■ 多様化・複雑化する組織ニーズ

　組織を取り巻く環境要因がますます複雑で不確かなものになってくると、組織開発においても質的に異なるニーズが生まれてきた。それぞれの組織は外部環境への適応や組織間関係の再構築、技術・政策・文化の整合（アライメント）をはかるなどの努力が求められる。また M&A（企業の合併・買収）、企業同士の提携（アライアンス）やネットワーク化が頻繁に行われるようになると、多様なレベルの組織や文化の融合・変革が必要になって

きた。

　しかし現実は、複数の事業部や研究開発・製造・営業・管理などの各部門が煙突のように屹立し、協働できない組織も多い。また、多くの企業が導入している目標管理制度でも、タテのつながりはあってもヨコのつながりがない、いわゆる破れ傘状態になっており、マネジメント・システムとして機能していないことが多い。企業合併においても、合併すれば売り上げ、利益、シェアなどが増えるはずであるが、企業文化が「水と油」のように違うために合併を断念したり、合併後に融合がはかどらず合併は失敗だったと評価されるケースも散見される。ましてや多国籍企業の場合は、さらに難しい状況が見られる。組織開発は、複雑な事情を抱える組織のニーズに対応していかなければならなくなった。

■戦略的変革アプローチの必要性

　戦略的変革（strategic change）は組織開発の戦略的なアプローチであり、オープン・システムである組織のパフォーマンスを高めるためのさまざまな戦略的変革モデルが提唱された。また、組織文化を変革する必要性が認識されるようになった。組織開発が個人や集団レベルから組織レベルに発展すると、オープン・システムとしてソフト（人的・文化的）要因およびハード要因（戦略・構造・システム）を対象に含める組織開発も行われるようになった。

　大学教授でありODプラクティショナーでもあったバーク（1982）は、組織文化の変容を組織開発のゴールにしているが、組織文化を変革し定着させるためには制度（ハード）に手を打つことが不可欠であると考えた。組織開発の現場実践の中でソフト要因のみに手を打っても限界があったために、ODプラクティショナーは組織開発の対象をハード要因にまで広げていったのである。

　またカミングスとワーレイ（2008）は、組織の環境、戦略、組織形態間の

アライメントをはかるために、ODプラクティショナーに対してチーム・ビルディングやアクション・リサーチ、サーベイ・フィードバックのスキルだけでなく、競争戦略、マーケティング、財務などの知識やスキルを求めている。

　経営環境の激変に組織開発も対応していかなければならない。外部環境が大きく変化しているのに、組織内部がそのままでは会社は崩壊していく。何とか生き残るのではなく、それを戦略的機会ととらえて競争優位に立ち組織を成長軌道に乗せていかなければならないのが経営である。そのためには、組織文化の変革をコアにして、経営戦略、組織構造、ワークデザイン、人的資源、情報システムなどを全体的に内外環境にフィットさせる必要がある。したがって組織開発において戦略的変革アプローチの重要性がますます高まってきている。

第1章 組織開発とは何か

第5節
現在の組織開発

1　現在の組織開発の全体像と課題

　現在の組織開発は、図表1-9に示すように経営活動の全体にかかわるものとされている。組織を経済システムと社会システムに分離し、組織開発は後者にかかわるものとする考え方は、組織に身を置く立場からは意味がないものである。人の活動は、経済的活動と社会的活動に分けて考えるの

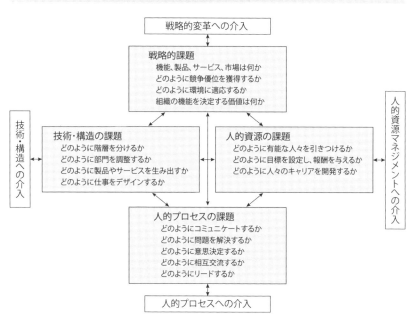

図表1-9　組織開発における介入の種類

出所：カミングス＝ワーレイ（2008）P.155

ではなく、両面が同時にかかわっているのが実態であり、さまざまな問題を見きわめて多面的な介入がなされるべきである。

前節で述べたように、現在の組織開発には主に5つの系統があり、組織開発はすべての系統から強い影響を受けている。またカミングスとワーレイ（2008）は、「戦略的変革の系統は組織開発の実践としての適合性を進展させ、職務満足や人的成長についての従来からの尺度に財務・経済的指標を加えた」としている。また彼らは、「グローバリゼーションや情報技術が新たな課題を生み出した」と指摘している。つまり、グローバリゼーションの中で組織開発を展開すること、またサイバー空間においてフェース・ツー・フェースと同じように組織開発を実施するための新たな知見を我々は必要としているのである。

以下、現在の組織開発に重要な影響を及ぼすと思われる事柄を3つあげておきたい。

2 ディーセントワークの影響

今日、多くの人々が豊かな生活を送れるようになり、また教育水準も格段に向上してきた一方で、ある面でIT（情報技術）が人間よりも有能さを示すようになった。ITによって豊かに暮らせるようになった半面、人間がITに支配され従わざるを得ない状況が生まれてきた。

IT化による人間性阻害要因に対応するものとして、1999年にILO（国際労働機関）がディーセントワーク（Decent Work）を提唱した。ディーセントワークとはQWLの流れをくむもの（ネオQWL）で、「権利が保護され、十分な収入を生み出し、適切な保護が与えられる生産的な仕事。働く価値のある仕事」のことである。

菊野（2009）によれば、かつてのQWLは、労働者ないし労働生活を多面的・有機体論的にとらえ直すことによって、アダム・スミス（産業革命

以来の「分業」と「機械化」の進展(とりわけフォード・システムで頂点に達した)の中で喪失した「労働の意味」と「労働の全体像」を労働者自身の手に(もしくは労働生活の中に)取り戻そうという歴史的意味を持った「運動」であった。ベルトコンベア生産システムとも言い換えられるフォード・システムは生産活動に高い効率性をもたらした一方で、人間性を否定・排除するものでもあった。菊野(2010)は、その当時と現代の社会的・経済的・政治的状況が酷似しているという。そして、ネオQWLとしてのディーセントワークは、新たな分業(正規労働者と非正規労働者)と新たな機械化(IT化)、いわゆる「ポスト工業化社会の過程」で失われつつあるもの(雇用格差・雇用不安とメンタルヘルス破壊)の解消・回復を目的として台頭したという歴史的位置と意味を持つと指摘している。

先に述べたようにQWLは組織開発の1つの系統であったが、ネオQWLといわれるディーセントワークがこれからの組織開発に重要な影響を及ぼしていくのは間違いないだろう。

3 「最高の職場」の影響

現在では世界数十カ国で「最高の職場(The Great Work Place)」の調査が行われ、企業の関心も高まっている。日本でも日経ビジネス誌などで調査結果が公表されている(詳細は、バーチェル=ロビン 2011)。同調査は、信頼(信用・尊敬・公正に分ける)、誇り、連帯感という5つの評価指標を使って従業員からの回答をもとにランキングを作成している。

信用とは「リーダーが従業員に適切な情報を与え、組織をリードする能力を持ち、言行が一致していること」、尊敬とは「リーダーが個人的にも仕事のうえでも自分たちを支援してくれ、提案や意思決定の際には自分たちと協働することを望み、従業員としてではなく人として自分たちに配慮してくれること」、公正とは「リーダーが公平性を保ち、人を対等、かつ

えこひいきがないように遇し、意思決定に関する発言を許可してくれること」である。そして誇りとは「自分の仕事、チーム、会社、商品・サービスに対して誇りを持っていること」、連帯感とは「全員が1つの目標に向かって動いているように感じられること」である。最高の職場は財務面で成功しており、最高の職場にするための投資は有効なリターンを生むという。

　上記の評価指標は、いずれもリーダー（経営者や管理者）と従業員、および従業員間の関係性に大きな影響を受けるものである。しかし「関係がうまくいっていないから関係改善に努力しよう」といった問題を単純に裏返して解決策とするような表層的な対処でよいはずもなく、実際には組織開発では一般的に長い時間を必要とし、かつ粘り強い対応が求められる。

4　心理学の新潮流の影響

　心理学においても新しいアプローチが始まっている。行動科学は心理学を中核にして始まっており、行動科学の知見を活用する組織開発も心理学の影響を強く受けている。心理学の新しいアプローチはポジティブ心理学（positive psychology）であり、これは「人生でよい方向に向かうことについて科学的に研究する学問」（ピーターソン 2006）のことである。「よく生きる（well-being）」ために心の研究と支援を行うアプローチともいえるだろう。

　ポジティブ心理学は、米国心理学会の会長を務めていたマーティン・セリグマンが1990年代に提唱した。セリグマンは学習性無力感（learned helplessness）の研究でよく知られているが、病理中心だった従来の心理学研究に新しい方向性を持たせようとしたのである。八木(2010)によれば、セリグマンは1997年に関西学院大学で行った講演で次のように述べている。

「今までの臨床心理学は、心の傷害や負の心の状態を持つ人の社会復帰に主眼を置いてきた。もちろん、そうした心理学は必要だが、人の心の積極的、肯定的、前向き、建設的な、未来志向の生き方を科学的に研究し、支援するための心理学も必要ではないか」

このときセリグマンは「learned optimism（学習された楽観性）」という言葉を用い、翌1998年の国際心理学会の会長講演では「positive psychology（ポジティブ心理学）」という言葉を用いた。

その後、急速に関心が高まったポジティブ心理学であるが、今では組織マネジメントや組織開発にも適用されるようになってきている。

最近の組織開発ではAIやフューチャーサーチのように対話を重視するメソッドが増えているが、やはり対話にはポジティブなアプローチが不可欠である。現状を分析・診断し、問題点を整理して対策を講じるという「問題解決発想」は、現状にしばられて今ある問題を解決しなければならないという発想にとらわれがちで、問題が解決しても弱点が解消することくらいで終わってしまう。それよりも、自分たちがなりたい未来の状態を描き、自分たちの長所や強みを活かして未来を実現しようという「未来創造（機会開発）発想」に立ったほうが意欲も高まるというものである。

ポジティブといえば、「空（カラ）元気」や「傲慢」を連想する人もいるだろうが、単なるポジティブ思考や楽観主義とは区別する必要がある。またネガティブ性は、人間にとって重要な意味を持つ側面である。組織開発では特に、謙虚で慎み深いこと、出しゃばらないことを美徳とするような日本人の価値観や日本文化との相性を考慮する必要がある。

科学としてのポジティブ心理学からは今後もさまざまな知見が得られるだろう。そして必ず、組織開発にも重要な影響を及ぼすだろう。

5 組織開発の研究・実践

　世界的に見ると、組織開発は数十年間継続して研究・実践が行われており、組織開発にかかわる研究者やコンサルタントは多い。また企業内部にも専門組織が設置されていることが多く、組織開発の専門家がいる。米国では組織開発を教える大学院が30〜40存在し、研究者は実践者でもあり組織開発が発展し続けている。

　日本においては現在、研究者は非常に少なく、また研修・コンサルティング団体は組織開発手法を単体でサービスしているところが多い。日本国内で創出された組織開発の形式知が少ないのは、米国の場合は大学などの研究者が実践家・コンサルタントの顔を併せ持つのに対し、日本では研究者が実践領域にあまり関心を示さない傾向があることに起因しているようだ。

第2章

組織文化の変革

第1節
組織開発における組織文化の位置づけ

1 組織の進化と文化

　今日、組織が生き残るためには環境の変化に適応すべきことは明らかであるが、環境に対して受動的な態度をとり続けるしか方法はないのだろうか。むしろ環境の変化に能動的に対応し続ける組織にするためにはどうすればよいのだろうか。

　第1章第3節で述べたようにバーク（1982）は、「組織開発とは、行動科学の技術、研究、理論を利用して組織文化を変革する計画的なプロセスである」と定義している。また亀田（1987）は、「組織開発をその目的・対象・方法といった点からみると、いずれの点についても生成期から今日までの発展のなかで変化している。そのなかで<u>組織開発概念の中心にあって各期に共通した最小限の認識は、組織開発が組織成員の行動パターンの変容をはかる努力である</u>という点であろう」（下線は筆者）と指摘している。

　組織成員の行動パターンの変容をはかることが組織開発の本質的要素ならば、経営者、管理者、従業員それぞれの「個人レベル」での価値観・信念・パーソナリティ、個人間の人間関係、やや範囲を広げて集団内および集団間の関係改善をはかることで果たしてうまくいくのだろうか。生成期組織開発の代表的手法であったストレンジャー型のTグループはラボラトリー内でのトレーニングでは確かに成果をあげることができたが、彼らが自分の職場に戻ったときトレーニングの成果を発揮することは困難だった（移植のジレンマ）。したがって職場（work place）でのファミリー型T

グループが行われたが、ラボラトリーで行うような内容ではかえって人間関係をまずくしてしまったため、役割関係に重点を置いたトレーニングとして定着していった。しかし、これでは個人のパーソナリティ面での成長が犠牲になるというトレードオフが起こってしまう。

個人からスタートする人間関係アプローチが個人の成長とチーム・ビルディングに役立つ一方、組織はオープン・システムであり外部環境と交通しさまざまな影響を受けているために、外部環境の変化に適応しようとしたときに組織成員の思考や行動に影響を与える組織文化という見えない壁が立ちはだかる。個人が成長し、また人間関係が円滑になっただけでは外部環境の変化にはとても立ち向かえない。

加護野（1983）は、組織の進化を文化現象ととらえていて、文化とは「ある社会集団の目に見える行動レベルの特性ならびに共有されている認知レベルの特性」であり、組織の進化とは「知識と行動様式が、バリエーションの発生、選択、淘汰というプロセスで変化していくプロセスである」とする。知識とは、「価値、規範、信念など認知」のことであり、バリエーションの発生とは、「生産現場における新しい加工方法の工夫、新しい管理方法の発案、新製品のアイデア、新しい戦略の提案、新しい環境観の提示など」のことをいう。

組織がその使命を果たしながら存続するためには組織が進化することが前提となる。そして組織の進化とは、組織文化の要因である行動レベルおよび認知レベルの進化にほかならない。したがって組織開発の本質的な目的もそこにあると考えられる。

2 組織文化研究の源流

❶ ホーソン実験

　20世紀初頭にテイラーが提唱した科学的管理法は、「時間研究」が労働強化となる、非人間的、人権侵害であるという理由で労働組合の激しい抵抗にあった。テイラーは、議会の科学的管理に関する委員会で、「科学的手法で労使協調体制を築くことによって労使が共存共栄できることをめざしているのだ」と証言したが、人間を道具的に扱っているという批判は根強く残った。

　また当時は、組織を機械的に設計し運用しようという官僚制組織モデルが最も合理的な公式組織とされていた。しかし、組織は生身の人間によって構成されているという現実は決して否定できない。ホーソン実験＊をきっかけとして経営管理論としての人間関係論が生まれ、人的側面をマネジメントすることが重要視されるようになった。また、かねてから組織特定の価値観やその組織固有の神話（伝説）が組織や人に影響を与えていることが認識されていたが、文化人類学の研究ともあいまって組織文化の研究が本格的に行われるようになっていった。

❷『エクセレント・カンパニー』と『シンボリック・マネジャー』

　組織の文化的側面が社会的に注目されたのは、「優良企業には、強い企業文化が培養されている」と結論づけたピータースとウォーターマン（1982）のベストセラー『エクセレント・カンパニー（邦題）』からといえる。この本は米国だけでも数百万部が売れ、日本でも超ベストセラーになった。

＊ホーソン実験：ウェスタン・エレクトリック社のホーソン工場でハーバード大学のエルトン・メイヨー、フリッツ・レスリスバーガーらが行った実験・研究（1924〜1932年の長期にわたって行われた）のこと。当初は物理的作業条件と作業能率の関係を分析する目的で行われたが、照明実験や継電器組み立て実験などの結果から、非公式組織における仲間意識や集団規範が作業能率に影響を与えるとされた。以後、人間関係論が展開された。

それ以前から組織風土や組織文化の研究はアカデミック・ベースで行われていたが、マッキンゼー社のコンサルタントであるピータースとウォーターマンが本書によってプラグマティックな関心を呼び起こした。

なお同時期に、「企業文化は誰を昇進させ、誰をマネジャーにするかによってつくられる」とするディールとケネディ（1982）の『シンボリック・マネジャー（邦題）』（原題は Corporate Cultures：企業文化）もベストセラーになった。なお、ディールはハーバード大学教授、ケネディはマッキンゼー社のコンサルタントであった。

『シンボリック・マネジャー』では、市場の2つの要素である「リスクの程度」と「結果が現れる速さ」（自分たちの行動に対するフィードバックの速さ）を軸にして、4つの企業文化に分類している（図表2-1）。ただし、この分類はどのような市場（＝環境）の場合に、どのような文化が形成されやすいかというものである。

図表 2-1　ディール＝ケネディによる企業文化の類型

結果が現れる速さ	低い リスクの程度	高い
速い	よく働きよく遊ぶ文化	逞しい、男っぽい文化
遅い	手続きの文化	会社を賭ける文化

出所：ディール＝ケネディ（1982）訳書 P.150 をもとに作成

逞しい、男っぽい文化：常に高いリスクを負い、行動が正しかったのか、間違っていたのかについて速やかに結果が得られる個人主義者の世界。

よく働きよく遊ぶ文化：陽気さと活動が支配する文化で、従業員はほとんどリスクを負わず、結果はすぐに現れる。

会社を賭ける文化：大金の賭かった意思決定の文化で、しかも、これらの意思決定から成功の見通しが立つまでに数年かかる。高リスクで、結果がなかなか現れない環境である。

手続きの文化：結果を知ることのほとんどない、あるいは全くない世界で、従業員は自分たちの作業を評価することができない。そのかわり、彼らは仕事の進め方に神経を集中する。これらの手続きにコントロールが効かなくなったとき、私たちはこの文化を別名でよぶ－官僚主義と。

第2節
組織文化とは

　米国の組織研究においては、組織風土研究が組織文化研究よりも先行していた。組織風土研究は1960年代から1970年代にかけて行われ、組織文化の議論は1970年代から始まった。そして1980年代に入ると経営誌で組織文化の特集が組まれるようになり、先にあげた『エクセレント・カンパニー』と『シンボリック・マネジャー』によって一躍世に広まった。背景には、米国企業の競争力が低下する一方で日本企業の競争力が増大したことがある。そのため米国企業では株主圧力が高まって短期的利益を追求する傾向（株主利益の最大化）が強まり、M&A（企業の合併・買収）や製品ポートフォリオ・マネジメント（PPM）などが流行した。企業の長期的成長など二の次で、かつ組織で働く人のことなどは無視される傾向が強くなっていったが、一方で、『エクセレント・カンパニー』『シンボリック・マネジャー』やオオウチ（1981）の『セオリーZ－日本に学び、日本を越える（邦題）』など、経営に新しい視点を持ち込む動きが出てきたのである。

1 組織風土とは

❶ 風土と文化

　『大辞林』では、風土とは「土地の状態。住民の慣習や文化に影響を及ぼす、その土地の気候・地形・地質など」とある。また文化は「社会を構成する人々によって習得・共有・伝達される行動様式ないし生活様式の総体」とある。もともと風土（climate）は自然科学の概念で、その土地固有の気候・地味など、自然条件のことをいう。そして土地固有の性質である風土は、その

土地で暮らす住民の生活に影響を及ぼす。文化（culture）は社会科学の概念であり、人々によって共有された行動様式ないし生活様式のことである。

❷ 組織風土と組織文化の違い

　組織風土とは「公式、非公式を問わず、組織の方針、慣例、手続きなどに関する共有された知覚」であり、「個人的な知覚をベースにして、それが組織内で共有されたときに組織風土といわれる」（ライチャーズ＝シュナイダー 1990、松尾 1994）。

　自然条件である風土は客観的事実であるが、組織風土は主観的事実である。よって組織風土と組織文化は社会科学的概念である。組織風土と組織文化は同じ意味合いで使われている場合もある（たとえば稲葉 1973）が、組織開発を実践するにあたっては、特にサーベイ・フェーズ（調査段階）において両者を区別しておく必要がある。組織風土調査を、より深いレベルの組織文化調査のための一次的接近として用いることができるからである。組織風土は組織文化の1つの要素であり、組織風土を足掛かりとして組織文化を明らかにしていこうというものである。

❸ 組織風土研究の目的

　組織風土研究は、主に職務満足やモチベーションに関する研究として行われた。人間行動が、疲れているから眠る、おなかがすいたから食べるというように生来の欲求にもとづくものと考えれば、会社での会議中に居眠りすることや昼食を食べる時間がなかったから商談中にお菓子をほおばることは当然かもしれないが、レヴィンの場の理論によれば、人間行動は人の内面（パーソナリティ）と環境との相互作用によって決定されるから、私たちは退屈な会議でもアクビを押し殺し、空腹でおなかが鳴っても耐えている。しかし個人としては分別があるはずなのに、特定の職場において普通では行われないことが実際に行われているとしたら、その職場固有の

組織風土が成員の規律や仕事の満足感、やる気などにどのような影響を与えているかを考えてみなければならない。

組織風土の調査では、組織成員の主観を定量的に測定する認知的アプローチが主となっている。組織風土が組織の属性（組織に帰すべき概念）なのか、個人の属性（個人に帰すべき概念）なのかについて議論はあるが、「組織風土は組織文化と同じく成員の相互作用を通じて共有された特性である」（北居 2012）ことをふまえながら、「組織成員に知覚された組織特性として、個人レベルの概念としてとらえる方が（組織風土に対する知覚の差異を生みだす原因を探求することが組織風土研究の重要課題になるという意味で）より生産的であろう」（加護野 1982）。

組織風土を分析する目的は、共有された組織の方針、慣例、手続きなどに関する知覚（認識）が個々の成員の職務満足、モチベーションなどにどのような影響を与えているかを発見しようとすることであり、知覚の個人差を重視している。たとえば、ある組織で若手の仕事への満足感が低い場合、原因として「上司やベテランの方針・意見に逆らってはならない」という組織固有の暗黙の規範が存在していることが重大な原因になっていることを突き止めることに意味がある。これに対して、「組織文化の研究では、個人差ではなく、むしろ価値・規範・信念の共有という側面が重要になってくる。組織を構成する人びとの間に多様な個人差があるにもかかわらず、一定の価値・規範・信念が共有されるという側面が重要なのである」（加護野）。

2 組織文化とは

加護野（1993）は、「組織風土や集団規範の概念が、職場の小集団の士気やモチベーションとのかかわりで問題とされてきたのに対し、組織文化の概念は、組織の環境適応あるいは戦略というマクロ的な現象とのかかわりで用いられることが多い」、そして「経営戦略も組織も、共通の土台であ

る組織文化、つまり組織のなかで共有された価値や信念から導かれている」と述べている。現代の経営では、経営者はもちろん管理者にもマクロ的視点とそれに対応するマネジメントが求められているが、組織開発においても人間関係アプローチにとどまらない全体論的(ホリスティック)アプローチが必要になっている。

たくさんの研究者が組織文化を定義しているが、ここでは伊丹と加護野、坂下、コーノ(河野)とクレグ、デービス、シャイン、コッターとヘスケットの定義を紹介する。

❶ 伊丹と加護野の定義

伊丹と加護野(2003)は、組織文化とは「組織のメンバーが共有するものの考え方、ものの見方、感じ方」であり、抽象的レベルでは「価値観」と「パラダイム」、具体的レベルでは「行動規範」をあげている。

「価値観」は組織文化の最も基本的な部分で、主に経営理念で示す組織の理念的目的(存在意義)に対応している。「パラダイム」は環境についての世界観と認識・思考のルールのことで、主に経営理念で示す経営のやり方と人々の行動についての基本的な考え方に対応している。これらは抽象的であるため、組織の価値観とパラダイムを反映した行動とは具体的にどのようなものであるかを行動規範(行動基準)として示さなければならないとしている。

❷ 坂下の定義

坂下(2007)によれば、組織文化とは「共有されたシンボルと意味の体系」である(図表2-2)。「シンボル」とは、行為者の主観的な(思念された)意味が付与された記号であって、物理的シンボル(ロゴ、社章、製品、事業など)、行動的シンボル(行為パターン、儀礼、儀式など)、および言語的シンボル(発話、言語、スローガン、物語、神話、伝説など)がある。「意味」

とは、価値観、基本仮定（パラダイム）や知識などである。そして、ある組織がこだわりを持つ（守り抜こうとする）価値観などをシンボルを通して表出しているものが組織文化である。

図表 2-2　組織文化の一般モデル

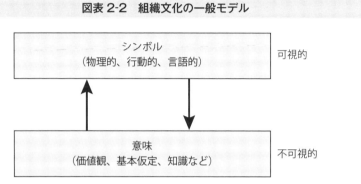

出所：坂下（2007）P.150

❸ コーノとクレグの定義

　コーノとクレグ（1998）は、組織文化ではなく企業文化といっているが、両者は同じものと考えてよい。彼らの定義では、企業文化とは「企業に参

図表 2-3　企業文化の要素

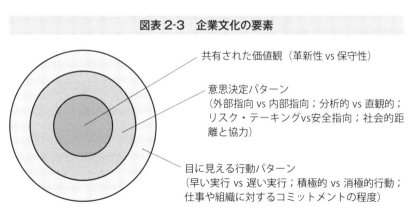

出所：コーノ＝クレグ（1998）訳書 P.2

加する人々に共有されている価値観と、共通の（基本的仮定をふくむ）考え方、意思決定の仕方、および目に見える行動パターンの総和」で3層構造になっている（図表2-3）。

また「"革新性"対"保守性"」「"分析的"対"直観的"」「"上下の距離小さい"対"同大きい"」という3つの次元から5つの類型に企業文化を集約している（図表2-4）。この中で活力があるのは「Ⅰ. 活力型」および

図表2-4　企業文化の要素と類型

要素	類型	Ⅰ. 活力型	Ⅱ. 専制者追随型	Ⅲ. 官僚型	Ⅳ-1. 澱んでいる	Ⅳ-2. 停滞的かつ専制者に追随
	一般的特徴	革新に価値新しいアイデアが多い	リーダーに追随	手続き、規則を重視	慣習的	リーダーに追随
A. 共有された価値観	1. 価値観 革新または安全第一	革新指向	リーダーに追随 革新的	手続き指向 安全第一	安全第一	自分の保身 安全第一
B. 意思決定パターン	2. 情報収集 外部指向または内部指向	外部指向の情報収集	情報は上から 外部の情報も	技術的知識指向	内部指向	上から下のみ
	3. アイデア多いまたは少ない	自発的に改善 アイデア多い 対立意見も	言われたことを主に 対立意見も出す	完全主義 分業的	習慣的 アイデア少ない 対立意見なし	アイデア少ない 言われたことのみ
	4. 評価 リスクテイキングまたは失敗を恐れる	失敗を恐れず行動	失敗は上の責任と考える 失敗を恐れず	失敗を恐れる	失敗を恐れる	失敗を恐れる
	5. 協力 社会的距離と協力緊密かつ協力的、またはそうではない	上下対等 チームワークが良い	上に追随 互いに協力的	階層化は当然 責任、権限は明瞭	上を信頼できない 互いに分離	上を恐れる 互いに分離
C. 行動パターン	6.1 実行早い、または遅い 6.2 組織と仕事に対する忠誠心	新しい機会への反応早い 終身雇用で働く 仕事への責任感強い	新しい機会への反応早い 終身雇用で働く 責任感は低い	充分に情報集まるまで実行しない 終身雇用で働く 規則に従う	反応と実行遅い 有利な機会があれば動く 責任感は低い	反応と実行遅い 有利な機会があれば動く 責任感は低い

出所：コーノ＝クレグ（1998）訳書 P.26

「Ⅱ．専制者追随型」である。

❹ デービスの定義

デービス（1984）も企業文化という言葉を使っていて、「組織の構成員に意味を与え、組織体の中での行動ルールを提供する共有された理念や価値のパターン」と定義している。また企業文化には、「指導理念」と「日常理念」という2つの次元があるという（図表2-5）。

図表2-5 文化の2つの次元—指導理念と日常理念

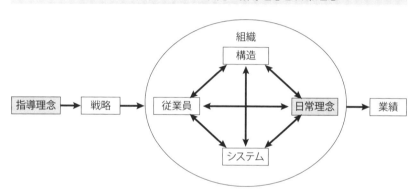

出所：デービス（1984）訳書 P.10

指導理念とは「ビジョン」のことで、行くべき道を指し示すものである。指導理念には、対外的理念（いかに競争していくか、事業をどう指揮するか）と対内的理念（いかに経営すべきか、組織をどう指揮するか）の2側面がある。両者が一緒になって、その企業がよって立つ基盤なり原理なりを構成し、企業の哲学的基礎を形づくる。戦略は指導理念から生まれるものである。企業が成就しようとすることを表現したものが戦略ならば、組織はそれをいかに成就するかという手段であり、指導理念は企業がなぜその戦略を成就したいかということの表明である。

また日常理念は、従業員、構造、システムなどに埋め込まれており、戦略が実行される過程に影響を与える行動基準といえる。そして業績は、指導理念と日常理念が適合しているかどうかにかかっているとする。

❺ シャインの定義

　シャイン（1985）は、「リーダーがおこなう真に重要な唯一の仕事は、文化を創造し、管理することである。またリーダーとしての独自の資質は、文化を操作する能力である」と述べている。そしてシャイン（2010）も文化を階層的に定義している（図表2-6）。

図表2-6　文化の3つのレベル

1. **人工の産物（artifact）**
   ・可視的で、触ることができる構造とプロセス
   ・観察された行動
   ― 分析・解釈することは難しい
2. **信奉された信条と価値観（espoused belief and values）**
   ・理想像、ゴール、価値観、願望
   ・イデオロギー（理念）
   ・合理化（rationalization）
   ― 行動やその他の人工の産物と合致することも、しないこともある
3. **基本的な深いところに保たれている前提認識（assumption）**
   ・意識されずに当然のものとして抱かれている信条や価値観
   ― 行動、認知、思考、感情を律する

出所：シャイン（2010）訳書 P.28

　文化の3つのレベルの中で「人工の産物」が最も表層に現れる。そこには風土（climate）も含まれている。このレベルは観察しやすいが、同時に解釈がきわめて難しいという。また人工の産物に「観察された行動」を入れているが、行動は慎重に解釈すべきだとクギをさしている。なぜなら行動の規則性は、文化を反映していることもあるが、文化以外の理由からも

第2章 組織文化の変革

形成されるからである（たとえば、あるグループのメンバーたちが大柄で大声を出すリーダーの前で萎縮しているのを見たとしても、これは音やサイズ、個人の学習、またはグループによる学習に対する生物学的な条件反射反応にもとづくものであるかもしれない）。

また文化の最も深いレベルを基本的な価値観（basic values）でなく、基本的な前提認識（basic assumption）としているのは、前者は賛成しても賛成しなくてもよいが、後者はメンバーによって当然のこととして妥協の余地がないものと受け止められているという意味からである。図表2-7は基本的な前提認識の具体例である。

図表2-7 チバ・ガイギーの文化のパラダイム

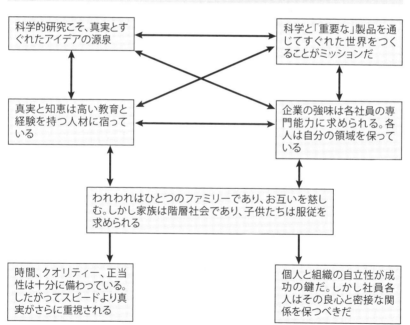

※チバ・ガイギー社は世界的製薬企業で、サンド社と合併して、現在はノバルティス社となっている。

出所：シャイン（2010）訳書 P.60

❻ コッターとヘスケットの定義

コッターとヘスケット（1992）は、企業文化を不可視的な「共有された価値観」（ほとんどのメンバーによって共有された重要な関心事や目標のこと）と可視的である「グループとしての行動に対する規範（ノーム）」（グループ内で発見される共通的で、全員に浸透した行動の方法のこと）に分けている（図表 2-8）。共有された価値観は変革しにくく、行動規範は共有された価値観よりは変革しやすいという。

図表 2-8　組織における文化

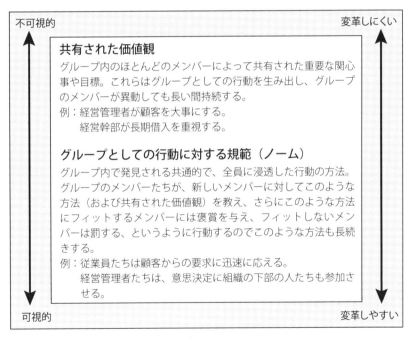

出所：コッター＝ヘスケット（1992）訳書 P.8

3 サブカルチャー

　企業の場合、営業、製造、技術、財務などの部門がある。また事業部制などによって複数の事業を手がけている企業も多い。さらに、同じ営業部門でも、本社営業部のほか札幌営業所、東京営業所、大阪営業所、福岡営業所などがある。したがって1つの企業に1つの組織文化が存在するという前提や、営業部門ならばどこも同じという単純な考え方はできない。そのような下位組織レベルの文化を「サブカルチャー（下位文化）」という。

　全体組織にはいくつものサブカルチャーが階層的・並列的に存在しており、あるサブカルチャーに相対するサブカルチャー（カウンターカルチャー）が存在しても不思議なことではない。最近では、M&Aによってサブカルチャーやカウンターカルチャーの問題が目立つようになってきており、企業ガバナンス（統治）に大きな影響を与えている。

　経営の国際化における問題について森本（2006、2007）は、「国内経営、国内経営＋貿易、本国経営＋特定国・地域現地経営、多国籍経営、グローバル経営という展開のなかで、組織問題には2つの局面がある」とする。1つは、経営の国際化にともなう組織構造の問題であり、もう1つは経営の国際化にともなう組織の文化的特質の創造と変質の問題である。本書では、後者の問題について触れておくことにしたい。

　森本は、異文化（AとB）が接触して相互作用した場合に生じる基本的な文化変容のパターンを3つあげている。それは、①乗り換え（一方が在来文化を放棄する・させられる＝AorB）、②借用（両文化の混合・合成＝A+B）、③同化（A、Bいずれでもない新文化Cの創成）である。ただし、文化変容の結果が有効であるか否かは別次元のものである。「組織の結婚」では、文化の相性によって「潜在的に問題あり」「潜在的に悲惨」となる組み合わせがある。

　昨今は経営の国際化がある程度進展した企業の一部で、いきなり経営

トップを欧米企業からヘッドハンティングする事案があるが、国際化プロセスでの組織文化構築の戦略とシナリオを用意しておくことも忘れてはいけないだろう。

4 組織文化の機能と逆機能

❶ 組織文化の機能

組織文化の機能について、シャインおよび伊丹と加護野の考えを見てみよう。

シャイン (1985) は、「人間に対して重力や空気がどのように作用するかを理解することと同じくらい文化の機能を理解することは重要だ」と述べ、次の3点をあげている。

①外部適応の機能…外的環境が変化するなかで生き残っていくための存在理由を提供する。
②内部統合の機能…外部適応できるシステムをつくり、維持するための課題を解決する。
③組織成員の不安を低減する機能…認知の不確実性や過剰性にたいして、知覚することを助けるフィルターやレンズの役割をする。

伊丹と加護野 (2003 他) も組織文化の機能を3つあげている。
①モチベーションのベースとしての機能
②判断のベースとしての機能
③コミュニケーションのベースとしての機能

彼らの組織文化の定義は先に紹介したが、その中にある「価値観」「パラダイム」「行動規範」という3要素がモチベーション、判断、コミュニケーションのベースとなる。そして、それらのベースを組織成員が共有することによってモチベーションが高まり、判断がしやすくなり、コミュニケー

ションが容易になるのである。

❷ 組織文化の逆機能

　組織文化が浸透すると、新しい変化に対処できなくなるといった逆機能が生じる。たとえば、先述したディールとケネディの『シンボリック・マネジャー』に出てくる企業文化の類型（図表2-1）では、自分たちの行動に対するフィードバックが速く、一方でリスク程度が低い環境に置かれた組織は「よく働きよく遊ぶ文化」になりやすい。しかし市場環境が変化し、リスク程度が高くなっていくと「逞しい、男っぽい文化」が適応的となるが、キャメロンとクイン（1999）は「意識的に文化を変化させようとしなければ文化は変化しない」という。文化を変えようとしたとき、その文化が浸透しているほど慣性が働き、従来の文化から脱出できず組織が衰退していくという逆機能が生じる。

　また伊丹と加護野（2003 他）は、「組織文化の一つの価値観、一つのパラダイムが組織内で共有されることによって、思考様式が均質化する、および自己保存本能が強まる」という組織文化の逆機能を指摘している。

5　組織文化と業績の関係

　コッターとヘスケット（1992）は、207社を対象に企業文化の実証研究を行い、以下の結論に至った。この中で特に長期的業績との関係性に注目したい。
　①企業文化は企業の長期的業績に強い影響を及ぼしうる。
　②企業文化は、次の10年間で企業の成功、不成功を決める要件としてさらに重要性を増すことになるであろう。
　③企業の長期的業績の向上を阻害するような企業文化もかなり存在する。
　④企業文化はその変革がむずかしいにしても、それを業績を向上させる

方向へ変革していくことは可能である。
　またこれまでに、組織文化の内容と成果の関係に着目した特性・類型アプローチによる研究が多く行われている。北居（2012）は、5つの代表的な組織文化測定尺度を用いた研究をレビューし、以下の4点を指摘している。

①外部志向の文化が、良好な業績をもたらしている。
②目標達成を強調する文化が、良好な業績をもたらしている。
③内部の柔軟性を強調する文化は、従業員のモラールを向上させる。
④内部の安定性を志向する文化は有効ではない（有効とは、「高い成果をもたらす」という意味）。

　コッターとヘスケットの実証研究および北居のレビューから、組織の業績向上をもたらすために意図的に文化のタイプを操作することの必要性と、どのような方向性で、何を重点化して文化の変革をめざすべきかについての示唆が得られるだろう。

第3節
組織文化の診断と変革

1 組織文化の診断・解釈について

　文化は人々の長い営みを通して形成されるものであり、一概に「良い文化」「悪い文化」と決めつけることはできないが、ビジネスにおいては高い業績をあげ、また従業員の満足度が高い組織文化を特定し、そのような組織文化を形成したいと考えるのが当然である。

　ピータースとウォーターマン（1982）が取り上げたエクセレント・カンパニー62社の約3分の1は、数年後には低業績に陥った。また、調査デザインに関する批判もあり、『エクセレント・カンパニー』は人々の組織文化への高い関心を引き出しはしたものの、内容としては受け入れにくいものとなっている。特に、同書の「優良企業には、強い企業文化が培養されている（ポジティブな文化特性が強くなるにしたがって業績が高まる）」という「強い文化（strong culture）」仮説に対して、組織文化の浸透度（共有度）が強い場合、むしろ多様性の欠如によって長期的には環境変化に対する適応能力が弱いという批判がある。

　また『エクセレント・カンパニー』では上位（企業全体）文化のみを単一文化として調査・分析しているが、下位文化（サブカルチャー）の相違性や相互作用を無視すべきではなく、むしろ下位文化レベルのダイナミクスおよびコントロールが組織の成果に与える影響を十分に考慮した診断および解釈を行うことが必要だろう。

2 競合価値観フレームワーク

❶ 競合価値観フレームワークとは

キャメロンとクイン(1999)はパフォーマンスの高い組織に共通して見られる有効性の指標を統計的に分析し、2つの次元を明らかにするとともに、組み合わせによって4つのグループ（象限）に分類した（図表2-9）。

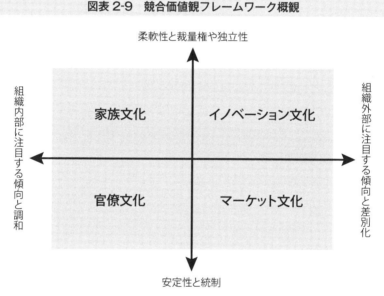

図表2-9　競合価値観フレームワーク概観

出所：キャメロン＝クイン（1999）訳書 P.53

2つの次元とは次の事柄をさす。
・第1次元…「柔軟性と裁量権や独立性」対「安定性と統制」
・第2次元…「組織内部に注目する傾向と調和」対「組織外部に注目する傾向と差別化」

すなわち、第1の次元は、「組織が柔軟で裁量権があり、活力やダイナミッ

クさを重視するかどうか」という指標に対し、「安定的で規律と管理を重視するかどうか」という指標が対極に置かれる。また第2の次元は、「組織が内向きで、統合・団結を重視するかどうか」という指標に対し、「組織が外向きで、差別化と競争を重視するかどうか」という指標が対極に置かれる。

2つの次元から生まれた4つのグループは、組織が何かを判断する際にベースとなるコアバリューを明確にしており、互いに相反し競合する。すなわち、一方のコアバリューを重要視しようとすると他方のコアバリューを軽視せざるを得ないので、このフレームワークを「競合価値観フレームワーク（Competing Values Framework：CVF）」という。＊

❷ 組織文化の4タイプ

キャメロンとクインの競合価値観フレームワーク手法による組織文化診断は頻繁に使用されている。質問の選択肢は4つのコアバリューに関連づけてあり、どれか1つを選ぶのではなく、合計100点となるように各選択肢に点数を割り振るようになっている。その理由は、強引に1つの選択をすることは現実的ではないからである。また、どのコアバリューに対しても正しい、間違っているという評価を下すことはできない。どれも大事であるが、我々は何をどのくらい重視しているかということである。したがって4つの象限においてどの象限の度合いが強いかを見る。

キャメロンとクインによる4つの組織文化のタイプは、官僚文化（The Hierarchy Culture）、マーケット文化（The Market Culture）、家族文化（The Clan Culture）、イノベーション文化（The Adhocracy Culture）である（図表2-10）。

＊組織文化を診断するためのツールを利用するメリットは、「組織全体の方向性を診断することを可能にすることをメインとして、組織文化の強さ、文化のタイプ、文化の調和や部署別などの一貫性を診断することに役立つ」（キャメロン＝クイン 1999）ことである。なおシャイン（2010）は、「類型化は数多くの組織を比較する際には有効性が高まり、ある特定の組織を理解しようとする際にはあまり有効ではなくなる」と述べている。

図表 2-10　組織文化のタイプ

組織文化タイプ	志向性	リーダーのタイプ	価値の源泉	パフォーマンスの理論
官僚文化	管理的・支配的	活動のコーディネート役 監視者 まとめ役	効率性 適時性 一貫性と画一性	管理と効率性と信頼できる業務プロセスが組織のパフォーマンスを高める
マーケット文化	マーケット	厳しい要求で社員を鼓舞する 生産的で競争を好む	市場シェア 目標の達成 収益性	積極的な競争と顧客志向が組織のパフォーマンスを高める
家族文化	協力的	社員の自発的活動の促進者 メンター的暖かい支援者 チームワークの開発者	コミットメント コミュニケーション 開発	社員の人事開発と組織への参加が組織のパフォーマンスを高める
イノベーション文化	創造的	革新者 起業家 ビジョナリー 革新的なアウトプット	変革 敏捷性・機敏性	革新、ビジョン、新しい資源が組織のパフォーマンスを高める

出所：キャメロン＝クイン（1999）訳書 P.67 をもとに作成

❸ 組織文化の変化のプロセス

　キャメロンとクインによれば、新しい小規模な組織は、予測可能な組織文化の変化のパターンをとる傾向がある。すなわち、大規模化するにしたがって、イノベーション文化→家族文化→官僚文化→マーケット文化へと推移していくのである。また意識的に変化させようとしなければ文化は変化しないという。

　この変化のプロセスは、一般的には次のようになるだろう。

　まず、少人数での創業期を乗り越えて事業が順調になってくると、自発

的・柔軟に仕事をしながら互いに気配りを大事にする組織にしていこうという方向性が生まれて、その結果として家族文化ができてくる。

　さらに組織が大規模化すると、家族文化のよくない点が目立つようになる。統制がとれず、なれ合い的な現状を変える目的からは、内部コントロールを強化する方向性が生まれやすい。マニュアルや規則どおりに仕事を遂行すること、上長へのホウレンソウを怠らないことなどが強調され、従わせるための圧力がかかる。

　そのときリーダーたちは組織運営上の問題解決のためにやっているのだと考えており、そしておそらく官僚文化をつくるという認識を持たずに、結果的には「意図的」に官僚文化に変化させているのである。官僚文化をつくったことに気づかないまま時間がたつと、すべてがマンネリ化し、保守的で自己の役割だけをこなし、顧客からの評価が悪化し、業績も低迷するようになり、いわゆる大企業病と診断される。すると、組織の外部に目を向けさせるためにマーケット志向や目標達成が強調されるようになり、再び組織の文化が変化するプロセスに入るのである。

❹ 各文化間のバランスが大事

　意識的に文化を変えようとするとき、キャメロンとクインは「各文化のバランスをとることが重要だ」と述べ、TQM（総合的品質管理）を例にあげている。

　「TQM失敗の主な理由の1つは、TQMが部分的な展開に終わってしまったこと、もう1つはTQMと組織文化の変革を統合できなかったためである。大部分の失敗したTQMの試み（TQMの大多数を占める）では、4つのタイプの組織文化の要素（図表2-11）すべてが同時に実施されておらず、部分的なアプローチがとられている」と指摘している。たとえば官僚文化の組織でTQMを導入すると、具体的には官僚文化的対策が中心となることが多い。それは組織文化の慣性が働いているからであるが、TQMを成

功させるためには他の象限に含まれている具体的方策もバランスよく実行しなければならないのである。

競合価値観フレームワークは、組織のパフォーマンスの根底にある4つの組織文化のタイプ別の重要な要素を明らかにすることで、TQMに包括的なアプローチで取り組む手助けをしてくれる。

図表2-11　総合的品質管理に関する相反する価値観

出所：キャメロン＝クイン（1999）訳書 P.72

3 組織エスノグラフィー

❶ 組織文化を明らかにすることの難しさ

組織に新たに加入したメンバーが教えられる行動ルールでは組織文化の中核的な部分のほとんどは明らかにされず、メンバーが永続的な地位を確立し、グループの秘密が共有される内部のサークルに迎え入れられたときにはじめて文化の中核部分が明かされる（シャイン 2010）。

したがって、社外の OD プラクティショナー（コンサルタント）がクライアントの組織文化を明らかにするまでにはかなり長い時間がかかる。社内関係者に直接たずねても、自分たちに内在化しているものをはっきり答えることはできないはずだし、また仮に答えが得られたとしても人によって異なる答えになることもあるだろう。さらにコンサルタントが「よそ者」である限りは胸の内を開こうとしないだろう。

また、組織文化の中核とされる「共有された価値観」については、「先進性」「和」「スピード」などという一般的概念で指摘することはできるが、文化の最も深いところにあるもの（筆者はそれを「経営的文化遺伝子」と呼んでいる）はなかなか明らかにすることができない（ようやく明らかにすることができても、クライアント自身が自覚していないために受け入れてもらうのは相当難しい）。

❷ 組織エスノグラフィーとは

組織文化を調査する場合、定量的アプローチに加えて定性的アプローチも必要となるが、定性的調査の代表的な手法として文化人類学で行われるエスノグラフィー（ethnography）があげられる。エスノグラフィーとは、簡単にいえば、社会学における現場調査のことで、文化人類学者がジャングル奥地の村に入り、そこで何カ月も村人と生活し、さらに何度も現地調査を繰り返して民俗を研究する手法だといえばイメージしていただけるだ

ろう。

　一方、「日常生活において、だれもが素人エスノグラファー」(金井2010)である。私たちは日常生活の中で、いろいろな組織の新参者となる。会社に就職したとき、ゴルフクラブに入会したとき、見知らぬ町に引っ越したときなど、新しい組織的環境がどのようなものかを知りたいと思う。そのとき私たちは定量的調査を行わない。いろいろ情報を収集し、関係者と話したり深く観察することを通して、その組織がどういう組織なのか解読しようとしている。

　このように考えるとエスノグラフィーは私たちにとって身近な手法だと理解できるが、組織開発においてODプラクティショナーは「プロの組織エスノグラファー」(金井2010)をめざさなければならない。シャイン(2010)は、組織文化を深いレベルで解読するためには「臨床的リサーチ」が必要だという。臨床的リサーチとは、通常はアウトサイダーであるODプラクティショナーがクライアント・グループとの公私を区別しない関係をつくることによって、そのグループの「内側」の(そのグループに「属する」)メンバーとして認められるようになることであり、その結果として組織文化を深いレベルで解読する支援者の役割が果たせるのである。

4　組織文化の変革

　組織文化の変革が難しいというのは、ほぼ通説といってもよいだろう。しかし、組織文化は変革できないという主張は聞いたことがない。組織のような社会システムは慣性が大きく、また新しい取り組みに対する反応にはタイムラグが生じやすい。したがって、変化の兆しが生まれ、古い文化との葛藤があり、新しい文化に変わりつつあることが実感され、そして新しい文化が浸透するまでには時間がかかることをあらかじめ織り込んでおく必要がある。

事業を行うことの宿命として新製品や新サービスの開発を延々と続けていかなければならないのと同様に、いやむしろ、そのために組織文化を変革していくことこそ経営者・管理者の重要な役割である。また現代はグローバルな事業展開やM&Aがますます増加しており、組織文化の変革の成否は経営にとって重要な結果につながるだろう。

❶ 事例：IBM社

IBMはルイス・ガースナー（CEO在職期：1993-2002）とサミュエル・パルミサーノ（CEO在職期：2002-2012）という2人のCEOによる経営改革によって、ハードウェア・メーカーからサービス・プロバイダーへの戦略転換を成功させた。山口と朱（2011）は、IBMを事例とした実証研究で、「危機的な財務状況の場合は、行動規範を変革すればよい」「安定的な財務状況の場合は、中核となる価値観を見直せばよい」と示唆している。

IBMが、危機的な財務状況に陥った時期にCEOとなったガースナーは、コンピューター・メーカーからソリューション・プロバイダーに事業転換する戦略を打ち出したが、そのときIBMの企業文化が障害になることを認識していた。そのため「企業文化のなかでも外縁にあり比較的変えやすい行動様式（行動規範）」（コッター＝ヘスケット1992）の変化を全社員に求めた。IBM創業以来の「基本的信条」は解釈において大きな問題を生み出していたが、それをあえて見直すことはしないで、財務的に危機的状況にある現時点では仕事の仕方を変えようと呼びかけることを優先したほうが効果的だと考えたのである。

ガースナー改革によりIBMは新しい成長の道を歩み始めたが、その後成長に停滞が見られるようになる。新しいCEOに就任したパルミサーノは、いよいよ「基本的信条」の問い直しに着手した。環境適応型文化（コッター＝ヘスケット1992）を持つ企業になるため、組織文化の中核にある価値観の見直しをスタートさせたのである。新しい価値観は、多くの社員を巻き込

んだ社内の討議などを経て決められた。パルミサーノは、企業が存続するためには「単に製品やサービスだけでなく、企業の理念や価値観を作り上げるべきだ。それこそがリーダーシップだ」と述べている。

❷ マネジされた変革

シャイン（2010）は、文化が「すぐれたものか、劣ったものか」「効果的か、効果的でないか」は文化そのものによって決まるわけではなく、文化とその文化が存在している環境との関係から決まってくるという。

またシャインは、リーダーシップと文化は、同じコインの裏表であるとたとえている。すなわち、文化は究極的にはリーダーによって創成され、定着が促され、育てられ、操作されるものである。もし文化に含まれる諸要件が機能しなくなったら、リーダーにはその文化を乗り越えることが求められ、計画的な文化変容プログラムを実施して進化プロセスをスピードアップさせなければならないとする。

ディールとケネディ（1982）は、企業文化を変革するために次の２点を提唱している。

①新たな英雄の登場（新しい社長、新しい管理者の登用）
②新しいシンボリックな取り組み（新しいプロジェクト、教育）

これはシンボルとイベントをテコにした方法といえるが、関係者には理解しやすい方法だといえよう。しかし、彼らは変革プロセスを十分に示しているとはいえない。

シャイン（2010）は、「組織が成長し成熟する段階と組織文化変革のメカニズムを理解しておくべきだ」と述べている。図表2-12は組織のステージ（段階）に適合する変革の方法（メカニズム）である。これらのメカニズムは蓄積されるものであり、後の段階では前段階のすべてのメカニズムが機能しており、さらに新しいメカニズムが加わるという。組織のステージにともなって文化変革のメカニズムが働き、組織が自律的に進化していく

ことが望ましいが、そのプロセスが遅すぎる場合や間違った方向に向かっているときには「マネジされた変革」（変革をマネジメントすること）が必要だという。

図表 2-12　組織文化変革のメカニズム

組織の段階	変革のためのメカニズム
創成と早期の成長期	1．総体的または具体的な進化を通した漸進的な変革 2．インサイト（洞察） 3．文化に存在するハイブリッド人材の登用
中年期	4．選ばれたサブカルチャーからのシステム的な昇進 5．技術的な誘発 6．アウトサイダーの注入
成熟と衰退期	7．スキャンダルと神話の崩壊 8．人材交代 9．合併と買収 10．破壊と再生

出所：シャイン（2010）訳書 P.317

❸ 組織文化変革のアプローチ

■トータル・システムを対象にする

バーク（1982）は、組織開発とは組織文化を変革するプロセスであると考えている。バークにとって、組織文化を変革する取り組みでなければ組織開発とはいえないのである。そして、どの組織にも独特な文化があるが、基本となる要素はメンバーが準拠する規範（行動する基準、またはルールをめぐる独自のパターン）であり、その他の重要な要素として、パワーをどのように行使しているかという権力（権限・権威）構造、その組織独特の価値観、報酬制度（どういう報酬があるか、そしてどのように配分されているか）、およびコミュニケーション・パターンをあげている。

先にも述べたように、大学教授であり組織開発のコンサルタント（OD

プラクティショナー）でもあったバークは、自らの実践体験にもとづく反省として、「組織文化の変革を実現するためには報酬制度にも修正を加える必要があった」という。変革対象は組織（トータル・システム）であり、個人の変容はシステムの変革の（誘発的・間接的）結果として起きると考えるアプローチである。

■企業内環境を操作する

コーノとクレグ（1998）は、「企業文化の変革には、価値システム、意思決定のパターン、そして、目に見える行動パターンの変化をともなう。これらの要素を直接変えることはできない。これらの要素は、メンバーをとりまく組織内環境を操作すること、つまり情報環境、経験環境、報酬環境の変化をつうじて変化する」と述べている。そして、これらの要素を変えるための2つの方法をあげている。

①価値を変えることによって行動を変える。

②行動を変え、そのフィードバックをつうじて、価値や意思決定のパターンを変える。

そして、「ほとんどの場合は行動を変え、経験にもとづく学習により価値や意思決定のパターンを変えるというのがより効果的であり、新製品開発の成功はその典型的なケースである」という。新製品開発においては、リーダーが従来の思考や行動のパターンからは到底無理だと考えて、まずイノベーション文化へ変革させようとしても、成員は反発し、戸惑い、混乱するばかりでうまくいかないだろう。それよりは変えてほしい行動を具体的に指摘し、どのようにしてほしいのかを示し、さらに望ましい行動が実行できるまで粘り強くフォローするのである。すなわちコーチングによって、行動が変化するプロセスをリードしながら新製品開発を成功させ、その体験を通して新しい文化を導入するのである。

■組織の下位体系に介入する

　梅澤（1983）は、組織文化を支える組織の下位体系に介入することを提唱している（図表2-13）。組織文化への直接介入は組織文化の変革にはなじまない面を持っているから、間接的なアプローチ（下位体系への介入）と並行して進めることが大事だという。

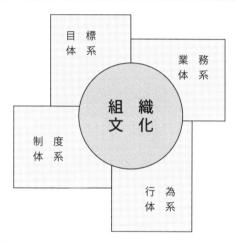

図表2-13　組織文化を支える組織の下位体系

出所：梅澤（1983）P.24

　図表2-13の目標体系とは、「経営の理念、計画、方針、戦略などのセット」であり、業務体系は「目標体系を具体化したものとしての課業、役割、仕事のセット」、行為体系は「メンバーの知識、技術、意識、態度などのセット」、制度体系は「部門編成を含めて組織と人事に関するさまざまな規定や手法の類い」である。これら4つの領域全体を視野に入れて、「まずは有力な施策の一つあるいは複数をもってスタートさせる」。また、「組織文化の変革は内部的要件へのアプローチだけで実現させるには限界があり、たとえば業種転換や異業種への進出、生産中心から販売中心への戦略転換をして

川下作戦に資源を重点配分することなどが重要な意味を持つ」とも指摘している。

❹ 全体論的に取り組む

　組織文化を類型化して把握する方法（類型法）は、自社の組織文化を他社と比較したり、部門間の調和や一貫性などを把握することに利用できるが、実際の調査では特定の類型に100%あてはまることはなく、データが各類型に分散しながら、その中で、ある類型の傾向が強いと判定されるものである（そのように支配的傾向を持つ文化類型を「基盤的カルチャー」と呼ぶことにする）。下位文化（サブカルチャー）では、カウンターカルチャーも含め上位文化とは異なる類型が基盤的カルチャーになることもある。たとえば営業部門と製造部門では業務内容が大きく異なる。また営業部門は顧客やユーザーを相手にし、製造部門は技術部門や部品サプライヤーを相手にしているが、そのように日常的に接する相手が異なれば当然のこと部門成員の思考や行動のパラダイムが異なってくるのであり、それを簡単に否定し、文化を一本化してしまうことは現実的ではない。

　コーノとクレグ（1998）は、「企業文化の変革とは、たんに組織の全メンバーの文化を均質化することではない。さまざまな仕事やメンバーにとって、適切な部門文化を醸成することが目的である」という。組織文化の変革において、すべてのサブカルチャーを統一し、かつピュアな文化をめざすことは可能性があるとしても現実的ではなく、また外部環境にうまく適応するための正解ということにはならないだろう。

　組織文化には階層性や並立性があり、下位文化が相互に作用し合って全体の組織文化（上位文化）を形成している。したがって、一部の部門やグループでは全体状況からは異質と見える文化が支配的であっても、全体としての調和やバランスをはかろうというホロニック（全体論的）・アプローチが適合的である。マネジメントの運営的目的として、アライメントによっ

てハイブリッド（複合）の強みを活かすことを考えるべきである。

5 全員経営の組織文化

　組織開発の重要な目的は組織文化の変革であるが、これからの組織開発で最も重視すべきことは何だろうか。それは、組織成員にはそれぞれの役割はあるが、それぞれが全体認識をもとに自ら考え、自律的に行動する全員経営が行われる組織をつくることだろう。私たちの社会が、支配する者とされる者、指示・命令する者とされる者に分けられた社会であることがこれからの社会発展のために必要なのか、それともすべての人々が等しく社会に参画することがさらなる社会発展につながるのか。私たちはどちらをめざすのか。同様に、どちらの理念で組織をつくろうとするかが組織開発における基本的なモノサシになると考えられる。

　松尾（1994）は、「経営環境が厳しくなるにつれ企業の環境適応にも速さが要求されており、こうした状況におけるキーワードは『革新性』であるが、環境の変化にあわせて自らの目標や構造を主体的に変えることができる自己組織化や、環境適応のために積極的学習やダブルループ学習をおこなうことができる組織的学習の形態が革新性にとって重要であり、このような自己組織化能力と組織的学習形態も組織文化であり、『メタレベルの組織文化』に位置づけられるかもしれない」と述べている。

　また北居（2012）は、「実験やリスクを許容し、高い目標を追及し、チームワークがよい組織においては、組織学習が促進される」、そして「この発見事実は、有効な組織文化特性と多くの特徴を共有して」おり、「組織学習が組織文化と業績を関連付ける重要な媒介変数であることを示唆している」と述べている。

　先述したように伊丹と加護野（2003 他）は、組織文化の1つの価値観、1つのパラダイムが組織内で共有されることによって、思考様式が均質化

する、および自己保存本能が強まるという組織文化の逆機能を指摘している。したがって、自己組織化と組織学習を組織文化として内在化させるとともに自発的な革新を起こすメカニズムを組織に埋め込むことが重要となる。それはすなわち、「全員経営の文化を育む」ことといえるだろう。

第3章
学習する組織をつくる

第1節
個人の学習

　組織開発において「学習」は鍵となる要素である。通常、学習といえば個人の学習のことであるが、個人の学習が起点となって組織も学習を行うと考えられている。また、組織が自律的に学習することを通して自らの力で環境に適合していくことを「自己組織化」という。人材育成を組織学習へと視点を延長することが重要である。

1 学校知と実践知

　知的能力すなわち知能（intelligence）には学校知と実践知がある。学業成績と相関が高いのは学校知（academic intelligence）であるが、組織のリーダーや仕事で業績をあげている人が必ずしも学校知に優れているとは限らない。

　学業成績だけでは成功をおさめることができない社会では、個人の能力は実践知（practical intelligence）というモノサシで測られる。高いレベルの実践知を持つ人を一般的にエキスパート（熟達者）というが、ある特定領域において長い年月をかけて、また大きな壁をいくつも乗り越えることのできた人だけがエキスパートになることができる。仕事人の実践知とは、豊かな経験を通して獲得される「コツやノウハウ（暗黙知）」のことである。たとえばカッツ（1955）がマネジャーに必要な能力をテクニカル・スキル（業務遂行能力）、ヒューマン・スキル（対人関係能力）、コンセプチュアル・スキル（概念化能力）に分類していることはよく知られている。

　実践知は現場から生まれる（または現場で学ぶ）ものである。しかし現

場は常に動いており、その中にいる人間はなかなか立ち止まる余裕もなく日常を過ごしている。それゆえ何を学んだのかを確認することや、知識を他者と共有したり伝承したりするための方法が重要になる。

2 経験からの学習

❶ 経験学習とは

「人は人として生まれてきたのではなく、人になるために生まれてきたのだ」といわれるが、人間は生活する中でさまざまな経験を通して学び、成長している。経験とは、『広辞苑』によると「人間が外界との相互作用の過程を意識化し自分のものとすること」であり、成人の能力発達の7割は経験からもたらされるといわれている。まさに実践知は、さまざまな経験を通して身につく（学ぶ）ものである。

経験学習（experiential learning）には、直接経験（体験）による学習と間接経験（主に観察を通して）による学習があり、経験により知識・スキル・信条などが獲得・修正され、行動が変化するのである。実態としては間接経験を通して学習することのほうが多いが、直接・間接のいずれにしても良質な経験（成功するばかりでなく、失敗であっても）をすること、およびそこから何を学び取るかが重要である。

学習する者の中にすでに存在している概念を前提にして学習を組み立てる構成主義的学習観に立てば、「彼（彼女）に何を教えるか（ティーチング）」ではなく「彼（彼女）が何を学び取るか（ラーニング）」が重要となる。人それぞれは固有の概念を持っており、同じ経験をしても人によって解釈が異なってくる（学ぶことが異なる）ことに留意しておかなければならないのである。

❷ コルブの経験学習モデル

　コルブ（1984）は構成主義的学習観の視座から、経験学習モデル（図表3-1）といわれる学習のプロセスモデルを提唱している。コルブ・モデルは「学習＝経験」と直結させるのではなく、経験から学び取るために「省察（内省）する」プロセスを重視する。省察とは、その経験を振り返り、自分が得たことを確認することであり、同じ経験でも人によって解釈が異なることがある。

図表 3-1　経験学習モデル

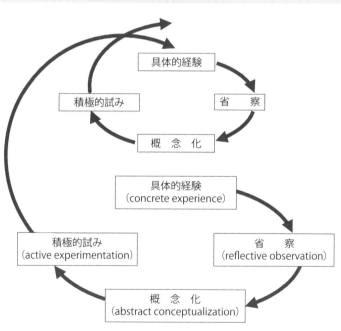

出所：コルブ（1984）P.41 をもとに作成

　対人関係の省察で求められるのは、相手を分析することばかりでなく、自分自身についても言動の背景にあるもの（感情、思考の枠組みなど）を振り返ることである。また専門分野で特に求められるのは、自分の知識・

理論を批判的に考察すること（批判的思考）である。人並みに仕事をこなせるようになって自信過剰に陥る者がいるが、そこからさらに成長するためには自己に対する批判的思考が欠かせない。経験から学習するために必要な省察力は人によって強弱がある。したがって、学習者の省察力に応じたコーチングが効果的である。

3 成人の学習

❶ ドレイファス・モデル

　ドレイファス兄弟（1986）が提唱したドレイファス・モデルは、ビギナーからエキスパートまでの専門的技能獲得の5段階を示したものである。兄は哲学者、弟はコンピューター研究者で、人間の技能獲得プロセスを理解することができればコンピューターがどの程度まで進歩できるかを推定できると考えたことが研究の起点である。

　彼らは航空機パイロット、チェス・プレーヤー、ドライバー、外国語を学ぶ成人を対象として技能獲得のプロセスを観察し、どの場合にも共通したパターンが認められることを確認した。さらに看護学研究者であるベナー（2001）は、看護技能の習得について大量のデータを検討し、ドレイファスの5段階モデルがよくあてはまっていることを確認した。

　ドレイファス・モデルの各段階の詳細は以下の通りである（段階ごとの名称は、それぞれの邦訳書＜ドレイファス1986／ベナー2001＞のものを併記した）。なお、熟達段階は技能ごとに判定しなければならない。

■第1段階：ビギナー／初心者（Novice）
　指導を受けて新しい技能を習得する最初の段階。わかりやすく単純化された「文脈不要」の規則を覚えることによって、原則どおり行動する。しかし柔軟性に欠けるため、実践場面では対応できないことが多い。

なお熟達者がこれらの規則どおりに対応したとき、パフォーマンスが著しく低下してしまった。

■第２段階：中級者／新人（Advanced Beginner）
　かろうじて及第点の仕事をこなすことができる。「繰り返し生じる重要な状況要素」に気づく（あるいは指導者に指摘されて気づく）ことができる程度に状況を経験したレベルである。しかし、単独では状況を把握することがほとんどできないため、重要度や優先順位がわからず、指示されたことをそのとおりに行う。
　この段階では、上位レベルの者がバックアップ・指導することによって重要度や優先順位を学ばせるとよい。

■第３段階：上級者／一人前（Competent）
　状況に応じた対応ができる。目的を明確に意識し、仕事の手順を計画する。問題解決の新しい方法を考え出し、結果に対しても責任を感じるようになる。しかし未熟さが見られる。
　この段階では、多様で複雑な状況に計画的に対応できるように意思決定研修、シミュレーション訓練を行うことが効果的である。
　ドレイファス兄弟は、当時の米国における「スターウォーズ計画（戦略防衛構想）」を「恐ろしい」といった。同計画は、あらゆる状況を想定してコンピューターにプログラミングするものであったが、それは上級者レベルの意思決定にゆだねることであり、エキスパートが直感を働かせる余地がなかったからであった。危機的状況では上級者がいるだけでは十分とはいえない。なおドレイファス兄弟のコンピューター批判は、当時のコンピューターとプログラムの性能によるものであった。コンピューターソフトがプロ棋士を負かしてしまう現代では、兄弟の批判があてはまらないこともあるだろう。

■第4段階：プロ / 中堅（Proficient）

　自分のやるべきことを直感的に把握するが、対応にあたっては分析的（意識的）になる。「直感」とは、過去の経験との類似性を認めたときに、苦もなく何かを理解する力のことである。「分析的に対応する」というのは、経験から見て重要と思える要素を見比べ、規則にしたがって組み合わせて状況に対処する最善の方法を選ぶことであり、直感的理解のあとに客観的な意思決定が行われるときに一瞬の切れ目が生じる。

　この段階では、状況把握力が最も要求される事例研究を行い、帰納的アプローチで自己の取り組みを修正させることが効果的である。

■第5段階：エキスパート / 達人（Expert）

　直感で動く。経験にもとづく特徴的なパターンの「膨大な記憶の図書館」を持っているようなもので、重要・本質的なことを無意識的に把握するとともに、対処するときに使用するパターンを決定している。したがって流れるように切れ目なく行動できる。ただし、そのことについて他者から説明を求められると具体的に説明することはできない。

　エキスパートは何でもできるわけではないし、競争に必ず勝つわけでもない（相手もエキスパートの場合はどちらかが負ける）。また、エキスパートでなければわからないこともある。むしろ自分ができないこと、知らないことを知っているのがエキスパートである。

　この段階では、エキスパートの仕事ぶりを系統的に記録しておけば、自分の専門的技能や失敗を描写する重要な出来事を系統的に説明することによってエキスパート本人が得られるものがある。同時に組織全体の知識やノウハウの蓄積にもつなげることができるだろう。

　一般的に技能を習得する場合にはこの5段階をたどるが、自動車の運転のようにほぼ全員が高いレベルに到達するものもあれば、将棋のようにご

く一部の者しかエキスパートにはなれないものがある。一般的には、エキスパートのレベルに至る人はきわめて少なく、ほとんどが第4ないし第3レベル以下といわれる。

❷ 熟達について

　熟達研究では、エリクソン（1996）らの実証研究から「10年ルール」が知られている。これは「特定領域のエキスパートになるには、最低でも10年の経験が必要である」というものであるが、長期間の経験を積めば誰でもエキスパートになれるというものではなく、また優れた指導者や効果的な練習が重要だとされている。なお松尾（2006）は追従研究によって、「人がある領域において優れた知識・スキルを獲得するには約10年かかり、6〜10年目の中期の経験が熟達の鍵を握る」ことを明らかにしている。

　また多少上達してくると、いわゆる天狗になる人もいる。なまじ自信がつくと、視野狭窄に陥ってしまう。優れた指導者がいれば、それを気づかせてくれるかもしれないが、上位レベルになるほど主体的な批判的思考が求められる。自分に対して、あえて「それがどうした」と問い直してみることも必要である。

　一段高いステージに移行する際には、目の前に立ちはだかる壁を乗り越えなければならない。それを筆者は「成長の抵抗点」と呼ぶが、通常は膠着した悩ましい状態（プラトー）がしばらく続く。抵抗点を乗り越えられず、ドレイファス・モデルでいえば第3段階くらいでとどまってしまうと「単なるベテラン」で終わってしまう。ステージ移行の原動力となるのは主体性、省察による思い込みの打破、もっと上達したいという思いなどであるが、自力だけではなく他力も必要であり、環境の影響も受ける。この他力、環境面は、組織の問題につながっている。

❸ 状況対応的リーダーシップ

　ハーシーとブランチャード（1977）の状況対応的リーダーシップ（situational leadership）は部下指導の方法として参考になる。ブランチャードとジガーミとジガーミ（1985）がわかりやすいので提示しておく（図表3-2）。

図表 3-2　状況対応的リーダーシップ（situational leadership）

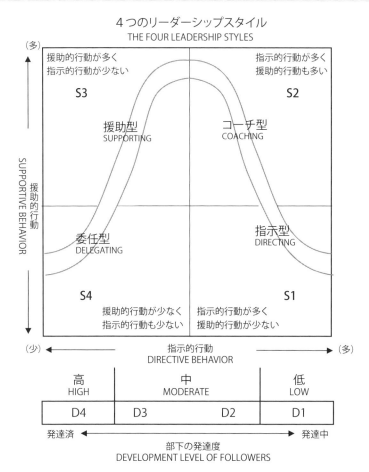

出所：ブランチャード＝ジガーミ＝ジガーミ（1985）訳書 P.98

- S1（指示型リーダーシップ）…やる気はあるが適性能力がない（D1）ため、リーダーは指示を与える必要がある。
- S2（コーチ型リーダーシップ）…やる気も適性能力もない（D2）ので、リーダーは指示と援助の両方を与える必要がある。
- S3（援助型リーダーシップ）…適性能力はあるが、やる気がまちまち（D3）なので、リーダーは援助を与えなければならない。
- S4（委任型リーダーシップ）…適性能力もやる気もともにある（D4）ので、指示も援助も与える必要はない（ただし放任することではない）。

第2節
学習する組織をつくるために

1 組織学習とは

❶ 地（組織）と図（個人）

　コルブやドレイファス兄弟のモデルは個人学習に関するものであり、学び実践する「場（環境）」についてあまり考慮されていない。「地と図」のたとえでいえば、図柄（figure）である個人は、知覚・感情・行動において地（ground）である所属する組織の影響を受けている。

　組織変革は組織の学習能力を開発できるかどうかにかかっていると主張するセンゲ（1990）は、「個人の変革なしには組織の変革はない」が、「個人が新しいスキルや洞察を培ったとしても、もしそれがワーキングチームのなかで応用されていなければ、組織としての機能にはほとんど変化が見られないだろう」という。

　また経営学ではコンティンジェンシー（条件適合）理論の影響を受けて組織の環境適応についての関心が高まっていった。そして学習することによって組織が環境適応すると考えるようになっていく。すなわち「組織はいかに学習し環境に適応するか」という視点から、組織学習（organizational learning）の概念が生まれたのである。

❷ 組織学習の定義

　組織学習では、主としてアージリス学派とマーチ学派の2つのアプローチがある。

■アージリス学派の定義

「組織学習とは、間違いを突き止め、これを修正するプロセスである」と定義しているアージリス（1977）は、組織学習をシングル・ループ学習とダブル・ループ学習に分けた。

シングル・ループ学習とは、既存の枠組み（前提）にのっとって行動し、問題が発生したときにはその枠組みの中で解決していくもので、外部環境への適応は前提を見直すことがないため、せいぜい改善レベルとなる。前提にそぐわないものは拒否・放置されることになる。したがってシングル・ループ学習の場合は、線形思考で、自己完結的であり、クローズド・システム（閉鎖系）である。

一方、ダブル・ループ学習は、発生した問題に既存の枠組みでは対応できないときに、あきらめたり拒否したりしないで、前提を見直すことによって対応するので変革的・改革的である。したがってダブル・ループ学習の場合は、非線形思考で、他者に学び、オープン・システム（開放系）である。

アージリスは「ダブル・ループ学習を組織に定着させるためには最初の3〜5年が正念場だ」という。「そのような時間はない」という経営者に対して、アージリスは2つの理由で間違っているとする。1つは、現実問題として他に選択肢がないため、ダブル・ループ学習を身につけない限り、その企業は買収され、悲惨な結果となる可能性が高いからである。もう1つは、ダブル・ループ学習を身につけようとするときもシングル・ループ学習をやめる必要はないし、むしろシングル・ループ学習の実践にも好ましい影響が出るからだ（アージリスは、両学習を二項対立的に考えることは間違いだとしている）。

■マーチ学派の定義

マーチ学派は、組織学習とは一言でいえば「ルーチンを修正・変化させる」ことだとする。ルーチンとは、「形態、規則、手順、慣例、戦略、技術」、

およびその背景である「信念、フレーム、パラダイム、規約、文化、知識」のことである。

■松尾の定義

松尾（2009）は両学派の考えを結合させ、組織学習とは「個人や集団が獲得した知識が、集団や組織において共有され、ルーチンとして制度化されたり、棄却されたりすることで、組織メンバーの知識・信念・行動に変化が生じること」と定義する。棄却とは、アンラーニング（unlearning）のことである。

また松尾は、ルーチンを「公式ルーチン（組織構造、制度、システムなど目に見えやすいもの）」と「非公式ルーチン（行動パターンや規範などの目に見えにくいもの）」に区分している。そして、「非公式ルーチンが組織の価値観（組織の中核にあるもの）と公式ルーチンを接合する接着剤の役割を果たすため、いくら新しい組織構造・制度・システムを導入しても、それが行動パターンや規範などの非公式なルーチンと結び付かなければ、組織構造・制度・システムに魂が入らず定着しない」と指摘している。

近年、多くの日本企業が、これまでなじみの薄かった成果主義のもと人事評価制度を変更したが、かえって多くの従業員のモチベーションやモラールが低下し、業績や顧客サービスに悪影響が出た例がよく見られた。成果主義人事評価制度の導入は間違っていなかったとしても、導入と運営にあたり、非公式ルーチンおよび最深部にある組織の価値観についても十分な配慮と対策が必要であったといえよう。

2 学習する組織とは

　ガービン（1993）は、「『学習なくして改革なし』という当たり前のことが理解されていない」という。「問題を解決するにも、商品を開発するにも、リエンジニアリングするにも、まず新しい角度から物事を見直し、それから行動しなければならない。学習を怠るような組織では、個人も因習を繰り返すだけであり、仮に変化を起こすことができたとしても、それは表面的か、あるいは偶然の産物でしかなく、自ずと短命でしかない」。この自明の理が理解されていないというのである。

　そもそも学習は個人が行うものであるが、個人レベルで終結させるものではなく組織学習へ波及しなければならない。個人の学習が組織に影響を及ぼす（組織学習が成立する）ためには学習する組織（learning organization）をつくることが必要である。

　ワトキンスとマーシック（1993）によれば、学習する組織とは一般的に次のような組織である。

① 学習する組織とは、単なる学習する個人の寄せ集めではない。むしろ、学習はさまざまなレベルの組織単位で集合的に、時には会社全体で同時的に生ずる。
② 学習する組織とは、変革能力をもった組織である。
③ 学習する組織とは、個人の学習能力を増大するだけでなく、組織構造、組織文化、職務設計、そしてメンタル・モデル（物事がどうなっているのかについての前提）も再定義できる組織である。
④ 学習する組織とは、時には顧客も含めて従業員を意思決定、対話、情報共有に参加させる組織である。
⑤ 学習する組織とは、体系的な思考方法と組織的な知識蓄積を促す組織である。

3 学習する組織をつくるために必要なこと

❶ センゲの「5つの鍵」

センゲ（1990）によれば、すばらしいチームとは「信頼しあい、互いの長所を生かし、弱点は補いあい、ひとりひとりの目標をこえた目標を共有し、目の覚めるような成果をあげることができるチーム」である。そして、そのようなチームをつくるには管理組織ではなくラーニング・オーガニゼーション（学習する組織）をつくることが必要であり、5つの鍵（Fifth Discipline）を提示している。

①システム思考（木を見て森を見る。現象を支配するパターンを見抜く。レバレッジ「どこを変えればよいか」を見いだす）
②自己マスタリー（自己実現のこと。スキルだけでなく精神面でも個人が成長する）
③メンタルモデルの克服（固定概念を打破し、危機意識を持つ）
④共有ビジョンの構築（リーダーは、人々を結束させるビジョンをつくる）
⑤チーム学習（対話を習慣化し、共同思考に入る）

❷ ガービンの「3つのM」

ガービン（1993）は、学習する組織をつくるために「3つのM」を提唱している。

第1のMは「Meaning（定義）」で、皆が納得できる行動指針とするために、学習する組織とは何かを定義しておくことが必要である。この定義は「知識を創造・習得、移転するスキルを有し、既存の行動様式を新しい知識や洞察を反映しながら変革できる組織」である。

第2のMは「Management（マネジメント）」で、現場では具体的な行動基準を提示する必要があるからである。そしてガービンは学習組織をマ

ネジメントするための5つのポイントをあげている(図表3-3)。

> **図表3-3 学習する組織をマネジメントする5つのポイント**
>
> **①システマティックな問題解決**
> 品質管理の思想や手法をとりいれ、科学的手法にもとづく妥協しない問題解決アプローチによって学習を促進させる。
>
> **②新しい考え方や方法の実験**
> あてずっぽうではない科学的アプローチをとりながら、新しい知識を探したり確かめる。そのために、常に新しいアイデアを組織に流入させるための仕組みや、リスク・テイキングを促すインセンティブ・システムを用意する。
>
> **③自社の経験や歴史からの学習**
> 「過去を覚えていないものはまた同じことを繰り返す運命にある」(哲学者サンタヤナのことば)というように、同じ過ちを繰り返すことを避けるために、失敗から学習する仕組みを構築する。
>
> **④他社の経験やベスト・プラクティスからの学習**
> ベスト・プラクティスを実践している他社を調査し、ベンチマーキングすることによって学習経験を積ませる。独自のやり方にこだわる態度を改めさせ、オープンで人の話に耳を傾ける文化をつくる。
>
> **⑤迅速かつ効果的な知識の移転**
> 学習をその場限りで終わらせず、獲得された知識を組織全体にすばやく移転・共有するためのツール・仕組み・制度を整備する。

出所:ガービン(1993)訳書 p.139-141 をもとに作成

第3のMは「Measurement(評価尺度)」で、学習する組織の完成度を高めるための尺度が明確になっていなければならない。当面の業績向上という短期的成果を測るための指標だけではなく、長期的には「品質重視の企業文化を築く」「製品開発方法を革新する」といった課題があるため、「認識」「行動」「結果」の3つのプロセスそれぞれについて、品質、納期、市場シェアなどパフォーマンス指標のほか、調査、質問表、インタビュー、観察などを組み合わせて評価を行うとしている。

❸ 松尾の「学習を促進する組織の特性」

また松尾（2006）は、学習を促進する組織の特性として3点をあげている。目標を達成しようという強い意識と顧客に貢献する使命感の強さが鍵となる。

①人は、目標達成志向と顧客志向の信念のバランスを保つとき、経験から多くのことを学習する。
②人が学習目標を持つとき、目標達成志向と顧客志向の信念が連動する。
③顧客を重視し、メンバーが知識や行動を巡って競争している組織において、目標達成志向と顧客志向の信念が高まり、組織内の学習が促進される。

❹ ワトキンスとマーシックの「行為原則」

ワトキンスとマーシック（1993）は、組織の学習を促進するためには以下の相互補完的な行為原則に従う必要があるという。

①継続的に学習機会を創造する。
②探求と対話を促進する。
③共同とチーム学習を奨励する。
④学習を取り込み、共有するシステムを確立する。
⑤集合的ビジョンに向けて人々をエンパワーメントする。
⑥組織と環境を結合させる。

ワトキンスとマーシックの「学習する組織」のベースはチームであり、システム思考によってハード、ソフト両面にわたる条件を整備して、個人学習とチーム学習を結びつけるとともに組織全体の能力を強化していこうとするものである。

第4章
マネジメント・パラダイムの転換

第1節
環境適応から自己組織化へ

　センゲ（2003）は「今日、世界中のさまざまな社会が、これまでとは違った生き方を一緒につくっていくという、緊急になすべき課題に直面している。（中略）地球全体の健康をめざして進むこの旅に、最終的に要求されるものが何であるかは、誰にもわからない。しかし私たちは、現時点で工業的発展を推進している権威的かつ搾取的な経営システムをつくり直すことなしには、その旅は決して始まらないと、強く確信している」と、いささか厳しい口調でマネジメント・パラダイムの転換を求めている。

　組織開発は工業社会が成長・成熟していく過程で生まれ発展してきたものであるが、新しい社会に適合する組織開発にするためには組織の価値前提を見直し、再構成していかなければならない。

1 第1級の適応

　哲学者フリードリッヒ・ニーチェ（1844生-1900没）は、人間の「第1級の能動性」が確保されないという理由で「環境への適応」という発想を徹底的に嫌悪した。社会学者である今田（2003）はニーチェを引いて、次のように主張している。

　「組織が外圧によって変わる（環境適応）のは第2級の適応であり、内なる力で変わる（自己適応）のが第1級の適応である。外圧によってしか変われない受動的組織は、結局取り残されるからである。組織が内なる力で変わる自己適応は、環境の変化が早い状況下では有効であり、また外部要因に振り回されるのではなく主体的存在としてふるまうことができる。ま

た、組織が変わるとき、まず個人が先行して変わるものだ」

今田のいう「第1級の適応(自己適応)」とはどのようなものか、考えてみることにしよう。

2 自己組織化とは

❶ 自己組織性という概念

組織開発は、変化する経営環境や事業環境に対して組織が適応できること、言い換えれば進化することを大きな目的としている。進化といえば、ダーウィンの進化論が思い浮かぶ。突然変異と自然淘汰を中核にした考え方である。しかし組織の場合、ある日突然に変異して環境適応することを期待するわけにはいかない。また自分の会社が自然淘汰されないことをひたすら念じていればよいというものでもない。

ダーウィンの進化論に対して「自己組織性」という概念が提唱されるようになった。今田(2005)によれば、「自己組織性とはシステムが環境との相互作用を営みつつ、みずからの手でみずからの構造をつくり変える性質を総称する概念であり、自己組織性の本質は自己が自己の仕組みに依拠して自己を変化させることにある。このとき重要なことは、環境からの影響がなくても、自己を変化させうることである」。また外圧による変化であっても、変化する力の源泉は組織の内部に存在すると考える。

今田は、「自分で自分を変えるという営みは環境適応的ではない。外から誰かに注意されたり、問題を指摘されたりして自分を変えるようでは自己組織的ではない。自分の中に変化の兆しを読み取り、これを契機に新しい構造や秩序を立ち上げてはじめて自己組織的である。つまり、自己組織性とは変革の原因を自己のうちに持つ変化、<内破による変化>をあらわす。この意味で、自己組織性は環境決定的でも環境適応的でもなく、自己決定的ないし自己適応的である」という。

❷ 自己組織化のメカニズム

　デカルト（1596生-1650没）以来、科学は要素還元主義に立ち、モノを細分化、単純化し、さらに機械のように理解しようとしてきた。いわゆる機械的世界観である。それに対してカント（1724生-1804没）は有機体的世界観を提唱した。さらに、60歳を過ぎて数学者からマサチューセッツ工科大学の哲学教授に転身したホワイトヘッド（1861生-1947没）の有機体哲学などがあり、1990年代に入ると複雑系に関する議論が盛んになっていった。

　米国にある複雑系研究のメッカであるサンタフェ研究所のカウフマン（1995）は、「自然界の秩序の多くは、ランダムかつ偶然に形成されたのではなく、自発的に形成されたものである」として自発的秩序（自己組織化）の概念を提唱した。秩序とは一般的にシステムのことをいうが、もちろん生命もそうであり、生命の発生と進化は「自己組織化と自然淘汰」によって成り立っているとする。生命の発生および進化は、外的要因によって起こるとは限らず、内的要因によっても引き起こされるというのである。

　カウフマンは「全体は部分の総和以上のものである」ことを「創発」といっているが、生命でいえば、化学的物質（部分）の集まりが閾値（臨界点）を超えたとき生命（全体であり秩序、システムといえるもの）が創発される。生命体の発生に関するカウフマンの理論は今のところ仮説段階であるが、生物学のパラダイム転換につながる可能性を秘めているとされる。またカウフマンは、「自己組織化のメカニズムは生態系に限らず経済、文化、社会などの社会科学領域にも適用できる普遍性がある」と主張している。

　カウフマンは、秩序（システム）と無秩序（カオス）の境目を「カオスの淵」（edge of chaos）と呼んでいる。水にたとえれば、氷（＝システム）、液体（＝カオスの淵）、水蒸気（＝カオス）となり、自己組織化のもととなる創発はカオスの淵で起こる。したがって組織が、堅い秩序によってがんじがらめになっている（氷のような状態の）とき創発は起こらない。秩序が全

くなくなり（ルールが守られない）、すべてがばらばらになった（水蒸気のような状態の）ときも創発は起こらない。ある程度の秩序は守られているが、自由度があり、いくらか混乱している流動的な状態のときに創発が起こりやすい。

既存の枠組みや発想におさまりきらない現象または流動的状態を引き起こす要素のことを「ゆらぎ」というが、今田（2005）は「システムの論理をはみ出す"個"の営みが相乗作用することで、既存のシステムがゆらぎ、別様の構造へと導かれる」「重要なのは創造的個による"ゆらぎの増幅"である」としている。

組織が今田のいう「第1級の適応」をするためにはゆらぎという「内破の力」を利用することが必要であるが、それは組織をあえて不安定な状態に置くことを意味する。したがって組織開発に自己組織化を取り込むためには、マネジメントとは内部を安定させることだとするパラダイムのもとで規則・マニュアルを整備・遵守し、ホウレンソウを第一義にしてきた管理の発想と行動を見直すことから始めなければならないだろう。

3 自己組織化を促す条件

今田（2003、2010）は自己組織化を促すための4条件をあげている。
①創造的な「個」の営みを優先する
　既定の地位、役割にとらわれない。自己実現のために仕事ができるようにする（アンチ犠牲的精神）。自由発想によるアイデア探求型の活動。
②ゆらぎを秩序の源泉と見なす
　ゆらぎの最適な割合は、経験的には5％程度（組織の既定の方針と違う試みをする人物が5％）。直接的に役に立たず、毒にも薬にもならないものを、その程度抱え込むぐらいの度量がなければ組織は進化しない。

③不均衡ないし混沌を排除しない

　組織がカオス状態になったとしても、無前提に悪いことだとしてすぐさま排除するのでなく、その状態がどういうことなのかを見極める必要がある。混沌と秩序の境目である「カオスの淵」では、ひっきりなしに変異が発生している。とてもハイな状態になって、なんでもありという感じでアイデアや新情報をどんどん出しており、だめでもともとだという状況になっている。

④コントロール・センターを認めない

　最も重要なことは管理しないこと。センターに多大な権限を与えない。自発的な秩序形成を大事にする。またトップダウンで組織にゆらぎを注入する行為自体は自己組織化ではない。

なお、自己組織化では自発性を強調しているため、組織開発における計画的変化（planned change）と相反すると考えないほうが実践的である。すべからく自発性に任せる、逆に完璧に計画どおり行うということは実践的ではないのである。自己組織化理論を取り込んで、場当たり的ではなく柔軟性を持ち、先を予測しながら計画的に組織開発に取り組むことが望ましい。

第4章 マネジメント・パラダイムの転換

第2節
管理から支援へ

1 自ら考え行動する人

　最近の日本企業は、中堅クラスの社員に対して「自ら考え行動する」ことを強く求めるようになってきている。企業の人材育成方針にも明文化されているのをしばしば目にする。従来は上司の方針や指示に忠実に従うことを重視してきたことと比べると、正反対といってもよい。そのため育成面においてもマネジメント面においてもこれまでとは大きく変えることが必要だが、実際はそう簡単なことではない。中堅社員にとっては、あまりにも抽象的で具体的に何をどのようにすればよいのか困惑する。一方、「いわれたことを忠実に、まじめにやりとげる」ことを自らも実践してきた管理者は、従来のマネジメントをどのように変えればよいのかがわからない。したがって、「自分で考えて主体的に仕事を進めなさい」といいながら、口をすっぱくしてホウレンソウを求めるといったチグハグなやり方をしてしまっている。

2 情けは人のためならず

　「情けは人のためならず」という諺がある。「人に情けをかけると、かえってその人のためにはならない」という意味ではなく、本来は「人に情けをかけると、いずれはめぐりめぐって自分に返ってくるのだから、誰にでも親切にしたほうがよい」という意味である。これと同じ考えは、どの社会にもあるだろう。人々が長い年月をかけて社会をつくり維持する中で見出

した社会原理であり、裕福な人が貧しい人に衣食を与える（ほどこす）ということではなく、さほど暮らしにゆとりがあるわけではないが、困っている人のために何か自分ができることをするという共助やボランティアの精神につながっている。

　また社会学には「利他的利己主義」という概念がある。人間は本来、わがままで自分がかわいいものである。それを利己主義というが、利己主義を押し通そうとしても社会では到底通用しない。ならばどうすればよいか。相手に利益をもたらす（利他）ことによって、はじめて自分の主張や要望も聞いてもらえるのである。困ったときには助けてもらえるのである。

　ひるがえって、経営者や管理者が目的を達成するためや利益をあげるために、自分の考えを押しつけ、命令や指示によって部下を思うがままに動かそうとしてきたのが管理のパラダイムである。企業は一般社会とは異なるという考え方もできるが、管理パラダイムは一般的な社会原理に背いてきたことになる。昨今は企業においても管理パラダイムが衰退し、新たなパラダイムが芽生えているように思える。

3　支援が必然となる

　支援という言葉はその意味を説明するまでもなく一般化した言葉であり、最近では福祉・介護などの分野をはじめさまざまな分野で使用されている感があるが、組織開発においての重要な視点を2つあげておきたい。

　第1に、シャイン（2009）は、公正さや互助というルールが重視される社会において交換される社会的通貨の最も重要なものの1つが支援だという。そのような社会では誰かに支援を求められたら、それを与えるのは義務であり、与えられない場合は納得してもらえる理由が必要である。同様に、支援提供の申し出があった場合には、それを受け入れる義務が生じ、受け入れない場合はそれなりの理由が必要である。したがって組織内部の適切

な支援関係をつくることは、特に相互の信頼感を醸成するために非常に重要だといえる。

第2に、舘岡（2006）は課題が高度化すると、「解の所在」もシフトするという。例として自動車の新モデル投入をあげている。顧客の多様化が進み、ヒット商品がますます短命化する中で、かつて開発に40カ月かかっていたものを30カ月に短縮するためには各部門がそれぞれ期間を短縮して対応することができた。次に30カ月を20カ月に短縮する必要に迫られると、各部門の調整過程に問題の解が存在するようになった。さらに競争環境が激化し開発期間を10カ月未満にすることが求められるようになったとき、問題の解は「相手が自分にどうしてくれるか」に移ってしまった。この段階では、かつての「管理」様式は価値を失い、支援行動が希求されるようになるというのだ。すなわち、関係性が高まると自分の活動が相手の問題の解となるため、相互に「相手に合わせて自分を変える行動様式である」支援が有効だというのである。

舘岡は、管理と支援の本質的な違いについて、「管理は自分から出発して相手を変える行動様式（自分のことを知らせて、相手を変えることによって、自分の意図を果たす）」であり、「支援は相手から出発して自分を変える行動様式（相手のことを知って、自分を変えることによって、相手の意図を果たす）」であると述べている。

4 支援のポイント

今田（2005）は、支援を次のように定義している。

「意図を持った他者の行為に対する働きかけであり、その意図を理解しつつ、ケアの精神を持って行為の過程に介在し、その行為の質の維持・改善をめざす一連のアクションであると同時に、他者のエンパワーメント（ことがらをなす力をつけること＝能力強化）を通じて、自他の相互実現をは

かること」

「ケアする（気づかう）ことは他者感覚がなければできず、相手へのケアなき支援は真の支援ではない」。めざすのは「他者の行為の質の維持・改善」であり、他者のエンパワーメントを通して実現する。また支援を行う者は、「自分の生き甲斐や自己実現を得るという動機が前提になっている」が、「被支援者の行為の質が改善され、被支援者がことがらをなす力を高めることを前提としており」、支援は利己的でありながら利他的でもある利他的利己主義の立場に立った行為といえる。

あわせて今田（1997、2005）は、自己組織的支援システムの必要性を指摘している。支援システムとは「支援を可能にする相互に関係づけられた資源とこれらを活用するためのモデル（ノウハウ）の集合からなる」ものであり、支援は固定したシステムではうまくいかないため、「支援状況の変化に応じて絶えず自分で自分を変えていく自己組織システム」でなければならない。

また今田（2005）は支援に要請される条件を4点あげている。

①自分の意図を前面に出さない

　あくまでも被支援者の意図を優先すべきで、支援者の目的がそれを上回ってはならない。支援者は自らの目的や意図を前面に出してはならない。

②相手への押しつけにならない

　支援は被支援者の要求に応じて提供されるべきで、押しつけであってはならない（押しつけは管理の別名である）。

③時間やコストに無頓着にならない

　支援は被支援者の要求に応じて、適切な時間と費用のもとでなされるべきである（被支援者が便益を獲得する効率を重視する）。

④相手の自助努力を損なわない

　被支援者が支援をあてにして自助努力を怠る依存体質をつくりあげてはならない（過剰支援をしてはならない）。

第3節
モチベーションから
エンパワーメントへ

1 モチベーション概念を問い直す

　私たちは時々、「この仕事、やる気が出ないなぁ」とつぶやく。あるいは気が進まない仕事でも、何とか自分を奮い立たせて立ち向かおうとする。そもそも「動機（やる気）」は自分から生まれるもの、つまり内発的なものである。

　先述した「エクセレント・カンパニー」について北居（2012）は、「エクセレント・カンパニーは生産性やアイデアの源泉としてヒトを重視しているのであって、ヒトそのものに価値が置かれているわけではない。したがって、指導者による価値の操作化を通じて、人びとが会社の道具として搾取される危険性がないとは言えない」と述べている。

　管理のパラダイムでは、管理者が部下に働きかけてやる気にさせる、つまり外発的に動機づけることを「モチベーション（motivation）」と呼んできた（motivateは他動詞で「動機を与える」という意味であるし、motivationは名詞で「動機づけ」と訳されているが、「づけ」という言葉は動物の「餌づけ」を連想させる）。言いすぎかもしれないが、管理のパラダイムは、人（部下）を道具のように見立て（道具的人間観）、操作的・支配的に扱おうとするものであった。

　マーコード（2004）は、モチベーションとエンパワーメントを図表4-1のように比較している。

図表 4-1　モチベーションとエンパワーメントの相違点

モチベーション（動機づけ）	エンパワーメント（力づけ）
人は過ちを犯すものである	人は新しい視点を必要とする：解決策はその中にある
人はやるべきことを知りたがる	人は行動を通して学習し、成長する
人にはアメとムチが必要になる	人は責任を持つことが必要である
人は心地よさを求める	人は感謝と尊敬の心を求める

出所：マーコード（2004）訳書 P.174

　今田（2001）によれば、今日では人々の関心は「所有（ハビング：持つこと）」から「存在（ビーイング：いかに生きるか）」へと重心を移行させている。所有への関心が支配的な時代では、職場での地位上昇、収入の増加や財産の獲得など、いわゆる「立身出世」が人生の目標となったが、存在への関心が高まった今日では「自己実現」への価値転換が進んでいる。したがって、「仕事は人間にとって自己実現の場であること、そしてこれを通じて企業のパフォーマンスを上げること、を前提とした組織パラダイムへの転換が不可欠であり、そのためにはエンパワーメントが鍵となる」という。

2　エンパワーメントとは

　エンパワーメント（empowerment）は、1980年代中ごろにソーシャルワーク（社会福祉事業）の分野で生まれた概念である。かつては行政機関や専門家が主導してサービスを提供していたが、先住民、黒人、女性、障害者などのマイノリティを対象にしたソーシャルワークにおいて、受益者に直接手渡す補助金を増やし、行政の裁量や介入を減らして自分たちで問題を解決できるようにするという新政策が導入された。マイノリティを管

理するのではなく、マイノリティが持っている力を最大限に引き出せるよう支援することが目的で、エンパワーメントという言葉が考案された。したがって支援とエンパワーメントの間には密接な関係がある。

今田（2005）は、エンパワーメントを「ことがらをなす力をつけること＝能力強化」と定義している。ノーデン-パワーズ（1994）は、「エンパワーするということは、単に人びとに権限を与えたり、職務を委任したりすることではない。人びとの潜在能力を引き出して自由に解き放ち、崇高な目的や自己実現を達成できるような環境を作り出すことである」という。エンパワーメントは単なる権限委譲のことではなく、本人が自力で問題を解決できる能力を強化するために本人中心の立場から支援することである。

またノーデン-パワーズは、エンパワーメントはプロセス（手法ないし方法）であり、決められたやり方があるわけではないという。そして企業においては従業員全員を奮い立たせるビジョンが不可欠であること、自らが意識を変化させパワーを得ていくプロセスを研修で習得させる必要性があることを強調している。

現代が社会の大前提が変化していく時代（パラダイム転換期）であるならば、自分が望ましいと思う方向をめざし、かつ自分の力で組織をつくっていくべきではないだろうか。ただし、多くのことには限界があり、それぞれ機能と逆機能の両面を持っているので、細かなところにこだわっても仕方ないだろう。

管理から支援へ、モチベーションからエンパワーメントへ、そしてエンパワーメントされた個人と組織によってのみ可能となる自己組織化、これらはトライアングルのように密接に関係し合っている。マネジメントの運営的本質はアライメント（整合）である。理論、技術、直感、その中でも直感を重視してバランスをとる必要があるだろう。

第4節
タレントを活かすコラボレーション組織

1 人的資本（ヒューマン・キャピタル）への投資

　経済学者ゲーリー・ベッカー（1930生-2014没）は、1950年代後半から教育その他の人的資本（ヒューマン・キャピタル）投資の経済効果についての研究に取りかかり、それらの功績により1992年にノーベル経済学賞を受賞した。物的資本への投資だけでなく、人的資本への投資が有効であることについて次の引用がよく表しているだろう（文中のデータが現在とは異なるが、どの国のことかは理解していただけるだろう）。

　「鉄鉱石がないのに鉄鋼で世界第3位、自動車で第2位の生産者であり、油田がないのに石油で第3位の消費者であり、銅・銀・金・石炭鉱山はないに等しいのに第2位の工業産出高を記録し、小さくて（カリフォルニア州と同じくらい）岩石や山の多い土地であり、就業人口の12％しか農業についていないのに1億人以上の巨大な人口を養っている国がここにある。

　十分な意欲を持ち、教育・職場訓練・健康その他の「人的資本」に十分な投資を行い、経済制度が妨げることがなければ、どのような個人でも国でも繁栄することができる」（ベッカー1975：日本語版への著者はしがき）。

2 タレント・マネジメントの意義

　1920年代は「人事管理（Personnel Management）」、1960年代は「人的資源管理（Human Resource Management）」、1980年代は「戦略的人的資

源管理（Strategic Human Resource Management）」、そして現在は「タレント・マネジメント（Talent Management）」という流れがある。これは「成果をあげるための部品の一部」→「成果をあげるための能力を持った資源」→「タレント（資質・才能）」という人材価値に対する考え方の変化であり、タレント・マネジメントは「すべての人、一人ひとりが、才能、個性、強みを持ったタレントであるという考え方にもとづき、すべての人をタレントとみなすことで、人材の能力を最大限に活用しよう」というものである（図表4-2）。一人ひとりの能力とやる気を引き出し、組織全体の競争力を高めることを目的とする。

図表4-2　タレント・マネジメントの定義

- SHRM（Society for Human Resource Management　会員数25万）の定義（2006）
  人材の採用、選抜、適切な配置、リーダーの育成・開発、評価、報酬、後継者育成等の各種の取り組みを通して、職場の生産性を改善し、必要なスキルを持つ人材の意欲を増進させ、その適性を有効活用し、成果に結びつける効果的なプロセスを確立することで、企業の継続的な発展を目指すこと

- ATD（the Association for Talent Development　会員数4万）の定義
  仕事の目標達成に必要な人材の採用、人材開発、適材適所を実現し、仕事をスムーズに進めるため、職場風土（Culture）、仕事に対する真剣な取り組み（Engagement）、能力開発（Capability）、人材補強・支援部隊の強化（Capacity）の4つの視点から構築する短期的／長期的、ホリスティックな取り組み

※短期的／長期的、ホリスティックな取り組みとは、将来の目標を実現するため、現在の戦力を組織横断的、グローバルな視野で戦略的に人材開発する取り組みのこと

　ATD（旧ASTD）は今、人的資源管理（HRM）重視から人的資本（ヒューマン・キャピタル）重視に転換し、人材の持つ能力・スキルを活かして、やりがいのある職場の実現を提唱している。ここには「人間尊重」という価値観があり、組織開発の価値観（OD Values）とも一致する。
　また組織開発は教育的側面を重視している。これからの組織開発では、

組織成員一人ひとりを「見える化」し、そのタレントを全社的に活用することを重視する組織文化を醸成することが含まれなければならない。組織の成長のために、個人の関心や希望を尊重し、個人の強みを活かし合うタレント活用文化をつくることは、組織とメンバーの絆・関係性を深めていく「エンゲージメント（愛着心）」にもつながっていくだろう。

■**資本と資源**

私たちは「身体が資本だから自分の健康には気をつけよう」というが、「身体が資源だから〜」という言い方はしない。資本は「（事業の）元手となる要素」のことで、資源は「（事業の）役に立つ要素」のことである。ベッカーは人的資本（ヒューマン・キャピタル）という概念を提唱したが、その後は長い間、人的資源（ヒューマン・リソース）という概念が支配的であった。知識社会といわれる今、知識は属人的なものであり、また知識の生産者は人である。ドラッカー（2002）も「知識労働者の生産性の重要度については強調しすぎることがない。知識労働の特性は、働き手が労働力ではなく資本だということにある」と述べている。水や石油のように生産に使う資源と同列に扱うのではなく、事業のために根本的に不可欠な存在が人であり、一人ひとりの才能（タレント）を引き出そうという考え方のほうが適切だろう。

3 ソーシャル・キャピタルの重要性

ソーシャル・キャピタル（社会関係資本）とは、パットナム（1993）によれば、「人々の協調行動を活発にすることによって社会の効率性を高めることのできる、『信頼』『規範』『ネットワーク』といった社会組織の特徴のこと」である。ソーシャル・キャピタルが蓄積された社会では、相互の信頼や協力が得られるため、他人への警戒が少なく、治安、経済、教育、健康、幸

福感などによい影響があり、社会の効率性が高まるとされる。2011年の東日本大震災では、未曾有の大災害に遭遇した人々が助け合う姿を見て、私たちは日本人のすばらしさにあらためて気づき、また外国の人々にも驚きや感銘を与えたようだが、このことは日本社会に長期にわたってソーシャル・キャピタルが蓄積されてきたことの証左といえるだろう。

　企業や職場という社会組織でも、組織成員相互の信頼関係、規範、ネットワークを重要視したマネジメントを行うことによって組織の効率性を高めることができると考えられる。しかしながら近年、特に企業においては成果主義的人事評価制度の逆機能などによって、成員相互の信頼関係やネットワークが弱くなっている。このままでは日本企業のソーシャル・キャピタルがますます衰弱していくことは避けられないだろう。かつての「職場」に戻るべきだとは思わないが、組織運営の方向性や原理を大きく転換する必要があるだろう。

　ヒューマン・キャピタルは基本的には個人に備わるもの（属人的）であるが、ソーシャル・キャピタルは人と人との間に存在するものである。組織開発は当初、属人的要素が強く、その後は対人関係、組織間関係に対象を広げていったが、さらに組織文化・組織風土に目を向けることによってソーシャル・キャピタルをマネジメントしていく必要がある。

　またソーシャル・キャピタルは、上下関係が厳しい人間関係ではなく、平等主義的人間関係と密接である。近年は企業組織においても平等主義はともかく、チームといった水平的人間関係を重要視するようになってきている。また機能横断（クロス・ファンクショナル）的組織活動を積極的に展開しようとすれば、ソーシャル・キャピタルの重要性がますます高まることだろう。

4 職場というメンタルモデルの弱体化

「職場」とは、『広辞苑』には「事業所・工場などにおける各自の受け持ちの仕事場」とあるが、社会学的には管理方式、権限・権力関係、人間関係、援助関係、生活様式、慣行、価値観などのフォーマルおよびインフォーマル要素が複合して形成された日本独特の組織のメンタルモデル（概念的類型）といえる。職場は単なる仕事場ではなく、ハード面・ソフト面の両方で日本人の多くが共通してイメージできる組織の概念である。

かつて最も機能的・合理的な組織として官僚制組織が日本の近代化の過程で増えていく中、その機械的・非人間的性質は日本人には受け入れにくいものであった。良かれ悪しかれ、日本的作業集団である職場という独特なメンタルモデルが形成され、そこに所属する者に大きな影響を与えていたのである。

しかし、成果主義にもとづく人事評価・処遇制度が広がることによって年功序列がくずれ、また「公平」の意味も変化していったように、多くの組織要因が急激に変化し、かつてのメンタルモデルは消え去ろうとしている。このようなとき組織に所属する人々は混乱し、強いストレスを感じやすい。よいものは残し、変えるべきものは変えていきながら私たちの納得がいく組織をつくっていくことが「第1級の適応」といえよう。

5 情報責任原理

組織を組織図で見ても実態はつかめない。組織を「仕事を遂行するためのダイナミックな場またはネットワーク」ととらえると、きわめて重要な組織原理が浮かび上がってくる。

ドラッカー（2002）は、CEO（最高経営責任者）は「どのような情報を持たなければならないか。誰から手に入れなければならないか。どのよう

第4章　マネジメント・パラダイムの転換

な形で手に入れなければならないか。それはいつか」、さらには「どのような情報を与えなければならないか。誰に与えなければならないか。どのような形でか。そしてそれはいつか」ということをCIO（最高情報責任者）任せにしないで自ら問い続けなければならないとする。これをドラッカーは情報責任といっているが、最も重い情報責任を負うのはCEOだとしても組織内のすべての人に多かれ少なかれ情報責任があり、それが未熟である場合は組織力が発揮されず競争上きわめて不利な状況に置かれるだろう。

6　協働と共創

　近代組織論の始祖といわれるチェスター・バーナード（1886生-1961没）は、自らの経営者としての経験と思想を体系化した主著『経営者の役割（邦題）』の中で、組織とは「二人以上の人びとの意識的に調整された活動ないし諸力のシステム」と定義した。いわゆる「協働体系（システム）」である。

　一人では達成不可能な目的を実現するために組織活動が行われるが、その組織活動を進めるにあたっての基本的な2つの考え方を、協働（cooperation）と共創（collaboration）と呼ぶことにしたい。協働とは「付与された目標を、効率的に達成するために、人びとの活動を意図的に調整した行動過程」のことであり、その原理で編成された組織が従来からの協働システムである。共創とは「新しい意味や価値を創出するために、複数の関係者で、課題の発見・形成とその実現を効果的に行う自律的な行動過程」のことであり、その原理で編成する組織が共創システムである。

　協働と共創を音楽にたとえれば、前者は譜面や指揮に忠実に演奏することを重視するのに対し、後者はジャズ・セッションのようにアドリブや掛け合いが演奏の要となる。どちらが正しいかというものではないが、知または価値の創出と個の自由を尊重する面では共創が優位となるだろう（図表4-3）。

131

図表4-3 協働と共創（個の尊重と価値創出）

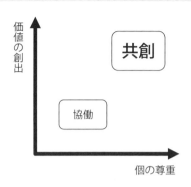

また、課題・目標が所与で日常業務の効率的な遂行を行うには協働が有効であるが、革新的成果をあげるためには、多様な関係者の知識やアイデアを活用して創造的に課題・目標を形成し実現する共創が有効だろう。

協働と共創の詳細比較は図表4-4に示した。

図表4-4 協働と共創の比較

比較（1）

	協働（cooperation）	共創（collaboration）
適合状況	①課題・目標は所与 ②定型業務中心／戦術重視 ③組織重視／集団依存的文化	①課題・目標の創造的形成 ②創造的業務中心／戦略重視 ③「個」の重視／自律的文化
焦点テーマ	日常業務の効率的な遂行のために、上司による目標・方法の提示と職場の協働システムづくりを行うこと	新しい意味や価値の創出のために内外関係者の共創による課題の形成と、相互間の共働を促進する関係づくり、状況づくりを行うこと
成立の条件	①上位者による目標の明示 ②フォロアーとしての参加 ③意思決定の上位下達 ④メンバー間・他部門間の活動の調整	①マネジメント構想の共有による方向づけ ②メンバーの参画／パートナー化 ③意思決定におけるコンセンサス重視

成立の条件	⑤効率的役割遂行のための仕組み・ルール ⑥教示的リーダーシップ	④他部門関係者も含めた共創 ⑤課題達成を重視した仕組み・ルール ⑥委任的リーダーシップ／ファシリテート
成果	①漸進的成果 ②同一行為による安心感	①革新的成果 ②個性発揮による充実感

比較（2）

組織とは	協働のために意図的に調整された、複数の人間からなる「行為」のシステムである	個人の持つ知識やアイデアを共有・増幅し、組織に新しい意味や価値を創出するための「知」形成システムである
組織づくり	組織目標の達成に向けて、構成員の各職務や職務にふさわしい役割を効率的に遂行させるために、組織の制度や運営システムを定めること	新しい意味や価値をつくるため、課題の発見や形成に向けて、構成員各人の創造的・革新的活動を活発化し、関係者相互間の知識やアイデアの共有・増幅化をはかるための「仕組み」をつくること
組織運営	①オペレーションに焦点 ②集団での工夫・改善 ③同様なメンバー構成と画一的な動機づけ	①課題の成果に焦点 ②「個」の活用による共創 ③多様なメンバー構成、「個」の尊重によるエンパワーメントとコミットメントの確保
行動	①他律的・受信的行動 ②報告・連絡・相談	①自律的・発信的行動 ②情報責任にもとづく行動

7 新しいマネジメント・プロセス

　Plan-Do-See（計画-実行-評価）は、マネジメント・プロセス（マネジメント・サイクルともいう）としてよく知られている。管理者は主にP（計画）とS（評価）にかかわる。D（実行）は部下が行う。要は、管理者は「頭」であり、部下は「手足」ということになる。しかし現在は、新入社員でも自分の仕事に取り組むときは「P-D-Sを回せ」と指導されている。教育水準が高くなり、仕事の専門化も進んでいる現代では、管理パラダイムから

生まれた協働システムのマネジメント・プロセスは役に立たない。

共創システムのマネジメント・プロセスは図表4-5のようになる。

図表 4-5　共創のマネジメント・プロセス

```
1 マネジメント構想の共有    ┌─ビジョン─┐
                            │ ┌課題┐ │
                            └───┬───┘
                                ↓
            ┌─────────────────────────┐
          2 │      共働目標の設計      │
            └────────────┬────────────┘
                         ↓
            ┌─────────────────────────┐
          3 │      共働関係の確立      │
            └────────────┬────────────┘
                         ↓
            ┌─────────────────────────┐
          4 │         進行感知         │
            └────────────┬────────────┘
                         ↓
            ┌─────────────────────────┐
          5 │         推進調整         │
            └────────────┬────────────┘
                         ↓
            ┌─────────────────────────┐
          6 │           評価           │
            └─────────────────────────┘
```

①マネジメント構想の共有

　管理者はリーダーとして、メンバーに構想（ビジョンおよび重点的に取り組む中期的課題または戦略）を示し、それを共有する。

②共働目標の設計

　構想を実現するために達成しなければならない短期的目標を、メンバー全員で話し合い、決める。

③共働関係の確立

　目標を達成するための具体的な方策を決め、役割分担を行う。このプ

ロセスによってチームが形成される。

④進行感知

実行段階においては、リーダーはホウレンソウのような待ちの姿勢をとらずに、積極的に進行状況を把握するとともに先を予測する。

⑤推進調整

状況の変化や進捗状況に応じて必要な手立てをとる。

⑥評価

活動終了時には結果とプロセスの評価を行い、学習内容を共有するとともにその後の活動につなげていく。

なお、このマネジメント・プロセスでは、すべてにおいてチームのメンバー全員によるミーティングが重要な意味を持つ。ミーティングは、定期的に週1回は行いたい。

第5章
組織開発の実践

第1節
組織開発のアプローチ

1 成功の法則

経営者や管理者ならば、業績を向上させるためのマネジメントの要諦を知りたいと思うだろう。キム（2001）は、「成功の法則」（「成功の循環モデル」ともいわれる）を提唱している（図表5-1）。

図表5-1 成功の法則（A CORE THEORY OF SUCCESS）

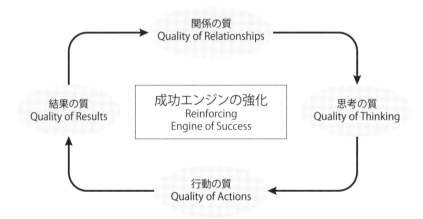

出所：キム（2001）P.78

この法則は、ともに働く人々との「関係の質」を向上させることを起点にする。チーム精神、相互のリスペクト、相互信頼といった「関係の質」を高めると、人は物事のいろいろな面を深く考えるとともにさまざまな異

なる見解を共有するようになり「思考の質」が高まる。すると、よく練られた計画、すばらしい連携、強いコミットメントによって「行動の質」が高まる。それによって「結果の質」も高まることになる（グッド・プロセス）。

一方、短期間で結果を求めようとするマネジメントがしばしば見られるが、そのように「結果の質」を起点にしたときに、期待どおりの結果が得られないと結果を求める圧力を高め、さらにトップダウンで結果を出そうとする。そのためぎすぎすした雰囲気になり「関係の質」が悪化する。すると人はネガティブ思考に陥り「思考の質」「行動の質」が低下し、思うような結果も出なくなり、さらに結果を求めて締めつけを厳しくすることになる（バッド・プロセス）。キムは、「関係の質」を良好にすることを第一義にすることによって好循環がつくり出せるという。

図表 5-2　成功の好循環と悪循環

バッド・プロセス	管理者が結果を追い求める（結果を起点とする）→結果が出ないとき、管理者が部下を非難する、部下同士が責任を押しつけ合う、ぎすぎすした雰囲気になる→景気やマネジメントのせいにする、失敗を恐れるといったネガティブ思考に陥る→いわれたことしかやらない→結果が出ない→ますます悪循環に陥る
グッド・プロセス	話し合い互いの理解を深める、協力し合う（関係を起点とする）→モチベーションがあがり、挑戦意欲が高まる。困難を工夫で乗り切ろうというポジティブ思考になる→チームで積極的に取り組む→成果があがる→ますます連携が深まり、信頼し合うようになる

出所：キム（2001）P.69-81 をもとに作成

同じようにやっているはずなのによい結果が出ていないときは、循環起点が間違っているのかもしれない。この法則はもっともで、わかりやすい。また日本的な考え方ともいえ、私たちの多くが共感できるものである。

かつての「職場」は「関係の質」を高めることを重視した組織のメンタル

モデルであったのではないだろうか。しかし、成果主義人事評価制度や課長・係長・主任などの役職廃止（組織のフラット化）などによってそのメンタルモデルが滅び、組織の混乱をきたしている現状がある。このようなとき、単純に（掛け声だけで）成功の法則を適用しようとしても思うようにいかないのが現実である。「関係の質」を改善する、向上させるのはもとより簡単なことではなく、すでに悪化しているときはなおさらである。

　したがって、「関係の質」の背景にあるものに手を打つことから始める必要がある。また、これまでは主に個人を対象にした教育・研修に期待してきたが、移植のジレンマによって効果が乏しいものであった。そのため組織成員の思考前提、行動前提となる組織文化・風土の変革をめざし、組織レベルで経験学習サイクルを回していく組織開発アプローチが必要になる。

2　トータル・システム・アプローチ

　組織はいうまでもなくオープン・システムであり、外部要因とさまざまに交通し、相互に影響し合っている。また、組織開発のターゲットは個人ではなく組織であるが、組織はトータル・システムであり、さまざまなサブ・システムからなる。したがって組織開発の場合も、教育・トレーニング、全階層ミーティングなどを単独（単品）でたとえ大掛かりに行っても、時間・費用・労力のわりには期待する成果は生まれにくい。あらゆる組織要素を視野に入れたトータル・システム・アプローチが重要である。

　組織開発の初期においては、Tグループ（感受性訓練）が組織変革を進めるための基本的な手法とされていた。しかし個人を対象とするトレーニングそれ自体は、変革という目的から見た場合、組織に影響を与えるものではない（フライシュマン 1953）。また、その後の研究から、個人変容をねらっても組織を変革する効果はほとんどないということが指摘された

（キャンベル＝ダンネット 1968）。したがって、組織開発では変革のターゲットはシステムであり、個人の変革はそのプロセスの一部である（バーク 1982）。

システムにはマネジメント構造や報酬制度などを含み、中でも重要なものは組織文化であり、特に組織成員が準拠するグループや集団の規範（基準）である。グループの基準が変わらないままである限り、個人にその基準から離れるように求めても抵抗する。グループの基準を変えることによって、成員の抵抗感をできるだけ取り除くのである。なお、一部のシステムを改善すると他のシステムも影響を受けるから、さまざまなサブシステムが変革の対象になる（トータル・システム・アプローチ）。

3 ホロニック・アプローチ

ホロニック（holonic）とは、個々には異質な要素が集合しているにもかかわらず、全体としては調和がとれていることを意味する。部門単位でアライメント（整合）がはかれていても全体組織がアライメントされなければ成果は生まれにくい。全体組織のアライメントとは、部門間のバランスをいかにとっていくかということでもある。

一般的に、企業であれば製造部門、研究開発部門、営業部門、管理部門などがあり、行政体では企画部門、行政サービス部門などがあって、組織的に思考や行動が対立しやすい状況にある。このような対立・葛藤（コンフリクト）は不可避的であり、また必ずしも避けるべきものではなく、コンフリクトをうまくマネジメントすることによって成果を向上させることもできるだろう。各部門に差異があるのはやむを得ないことであり、ホロニック（全体論的）に考えることによってシステム全体のバランスをとることが重要である。

4 参画型アクション・リサーチ・アプローチ

「リサーチなしのアクションはないし、またアクションなしのリサーチはない」とレヴィンがいったように、組織開発ではリサーチとアクションを一体化したアプローチが基本である。実践では、リサーチ、アクションの順になる。特定の問題の性質・内容に関するデータを体系的に収集し（リサーチの側面）、そのあと分析したデータが何を示唆しているかにもとづいて措置（アクションの側面）を行う。

また、人は自分が属する集団の規範づくりに影響を与えていると認知している場合、その業績や満足度が高くなる（タンネンバウム＝カーン 1957 他）。フレンチ（1969）によれば、全員参画型の変革プロセスをとったときに劇的な成果をあげる。また、ブレーム（1966）の心理的抵抗（リアクタンス）に関する理論では、組織変革をスムーズに導入して成功させる度合いは、メンバーが変革の決定と実施の際に「自分たちに任されている」と感じている選択の余地の度合いと比例している。

リサーチとアクションのブリッジとして、組織開発では第 1 章第 4 節で述べたサーベイ・フィードバックがよく行われる。組織診断データを当事者（クライアント）に報告し、当事者主体で検討してもらう。クライアント側のマネジャーとメンバーが調査結果が何を意味しているかを話し合い、認識を共有してその後の活動計画を作成することによって、変革に対する両者の抵抗をやわらげ、活動の主体性を高めていくことに効果がある。

5 プロセス・コンサルテーション

OD プラクティショナーがサーベイ・データのフィードバックにどの程度かかわるかについて、シャイン（1988 他）はプロセス・コンサルテーション（Process Consultation：以下 PC）を提唱している。これはシャインが

開発したODコンサルテーションの考え方（哲学）と方法である。

シャイン（1999）は、「PCとは、クライアントとの関係を築くことである。それによって、クライアントは自身の内部や外部環境において生じている出来事のプロセスに気づき、理解し、それに従った行動ができるようになる。その結果、クライアントが定義した状況が改善されるのである」と定義している。すなわち、「①問題を抱え、解決方法を握っているのはクライアントである。したがって②コンサルタントはクライアントとの間に援助関係を築くことが重要だ」とするのがシャインのコンサルテーション哲学（PCの価値観）なのである。

シャイン（1988他）によれば、コンサルテーション・モデルにはPCモデルのほか、専門家モデル、医師-患者モデルがある。専門家モデルは、クライアントが自分の持っていない情報や専門的なサービスをコンサルタントから購入するものである。請負型といわれるコンサルティング契約がこれに該当し、アウトプットまでのほとんどをコンサルタントが行う。また医師-患者モデルは、患者が医師に診察してもらい、医師の下す診断結果と治療方針にしたがって自己の健康を改善するように、コンサルタントが組織の改善を主導し、クライアントは指示にしたがって実行するものである。

しかし、組織開発における主体者はコンサルタントではなく、クライアントであるべきである。したがってサーベイ・フィードバックにあたっては次の2点に留意すべきである。

①専門家モデルや医師-患者モデルのようにODコンサルタント（プラクティショナー）がデータの解釈を行い解決策を決定しクライアントに指示すべきではない。

②何回も実施されることになるミーティングは、クライアント対コンサルタント、および利害が相反するクライアント間での勝ち負けを決めるためのものではない。

なおプロセスとは、スタイナー（1972）によれば「タスクに取り組む際に、グループが取り組む実際のステップ」であり、次の公式が成り立つ。

実際の生産性＝潜在的生産性－欠点のあるプロセスによって生じる損失

したがって成果を向上させるためには、ODプラクティショナーの介入などによって、できうる限り瑕疵のないプロセスで本来のパフォーマンスを引き出すことが必要である。なおPCの実施にあたっては、シャインと金井（1999）による「プロセス・コンサルテーション10の原則」（図表5-3）が参考になる。

図表 5-3　プロセス・コンサルテーション 10 の原則

原則1	絶えず人の役に立とうと心がける
原則2	今の自分が直面する現実からけっして遊離しないようにする
原則3	自分の無知を実感する
原則4	あなたがどんなことを行っても、それは介入、もしくはゆさぶりになる
原則5	問題を自分の問題として当事者意識を持って受けとめ、解決も自分なりの解決として編み出していくのは、あくまでクライアントだ
原則6	流れに沿って進む
原則7	タイミングがすごく大事
原則8	介入で対立が生じたときには、積極的に解決の機会を捉えよ
原則9	何もかもがデータだと心得よ。誤謬はいつも起こるし、誤謬は、学習の重要な源泉だ
原則10	どうしていいかわからなくなったら、問題を話し合おう

出所：シャイン＝金井（1999）P.11

第2節
変革モデル

1 レヴィンの変革モデル

クルト・レヴィンの業績は多岐にわたるが、組織の変革プロセスについても基本的理論を提唱している。すなわち、「解凍-移行-再凍結」の3段階である。

第1段階：解凍（unfreezing）

固定化された行動を流動化する。これまでは当たり前のように行ってきたことに「待った」をかける。意識面での気づきが重要（mental unfreezing）。

第2段階：移行（moving）

現時点の行動レベルを新しい行動レベルに変えるためのアクションをとる。集団の価値を転換することが重要（changing group values）。

第3段階：再凍結（re-freezing）

新しい行動レベルを定着させる。認識面と行動面が矛盾していないことが重要（re-freezing at the new level）。

2 シャインの学習・変革モデル

シャイン（2010）は、レヴィンの変革モデルをもとに、組織文化変革のための学習・変革モデルを提唱している。

段階1：解凍（unfreezing）…変革へのモチベーションを生み出す

・不当性の証明
・生き残りのために、不安感や罪意識の創成

・学習に対する不安感を克服するために、心理的な安心感の創成
段階 2 : 新しい考え方、古い考え方における新しい意義、判断のための新しい基準を学習する（learning）
　・ロールモデルの模倣と同一化
　・ソリューション間の選択と試行錯誤による学習
段階 3 : 新しい考え方・意義・基準の内面化（internalizing）
　・自己イメージ、自己同一性への統合
　・継続する諸関係への統合

なおシャインは、あわせて変革をマネジメントするうえでのポイント（原則）を示している（図表 5-4）。

図表 5-4　学習・変革をマネジメントするための原則

原則 1	生存にともなう不安感または罪意識のほうが学習にともなう不安感より大きい
原則 2	生存にともなう不安感を増大させるよりは、むしろ学習にともなう不安感を減少させるべきだ
原則 3	変革のゴールは、「文化の変革」という脈絡のなかではなく、自分が解決したい問題という脈絡のなかで具体的に記述されなければならない
原則 4	文化にともなう古い部分は、その部分を「担っている人」たちを除去することを通じて打ち壊すことが可能だ。しかし文化にともなう新しい部分は、新しい行動が人材を成功と満足に導いたときにはじめて彼らが学ぶことが可能になる
原則 5	文化の変革は、心理的な苦痛をともなう解凍の期間を要求する、トランスフォーメーショナル（大規模で根本的）な変革だ

出所：シャイン（2010）訳書 P.356-366

3 計画的変革の一般モデル

図表5-5は、カミングスとワーレイ（2008）の示す計画的変革の一般モデルである。

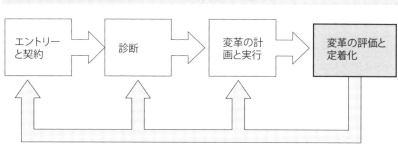

図表5-5 計画的変革の一般モデル

出所：カミングス＝ワーレイ（2008）P.30

社内のODプラクティショナーが組織開発を支援する場合は法的契約を行う必要はないが、ODプラクティショナーの立場と役割については十分に話し合い調整しておくとよいだろう。また「エントリーと契約」から終盤の「変革の評価と定着化」まではステージ（stage）といい、終盤ステージの結果状態によってどのステージに移行するかを判断するというものである。

4 組織開発実践の7局面

組織開発の進め方には基本形がある。ここでは、コルブとフローマン（1970）およびバーク（1982）の考えをもとに、7つの局面に沿って説明する。変革モデルとアクション・リサーチ、計画的変革が主要要素となっている。

なお、ここでは「局面（phase）」と表現しているが、「段階（step）」との

違いについてバーク（1982）は、「段階には不連続の（分離した）活動という意味が含まれているが、局面のほうが組織開発実践の現実、つまり変革の循環という意味をずっとよく伝えている」と述べている。組織開発に取り組むとき、段階を踏んで順番に進めるのではなく、たとえばエントリー局面で同時並行的に診断作業が行われていることもあるからである。

❶ エントリー

ODプラクティショナーとクライアントが接触する局面である。ODプラクティショナーが外部コンサルタントの場合、クライアントは、

①コンサルタントとうまくやっていけるか
②コンサルタントの経験は自分たちの現状に適応できるか
③コンサルタントが有能で、かつ信頼できるか

などを確認する。一方、コンサルタントは、

①クライアントとうまくやっていけるか
②クライアントはどのようなモチベーションや価値観を持っているのか
③変革に対するクライアントの準備状況はどうか
④変革作業に投入できるリソースの量・範囲はどうか
⑤変革の介入ポイントはどこにあるのか

といったことを確認する。ただし、社内のODプラクティショナーの場合には、このような確認が一部不要あるいは選択の余地が両者ともにないこともある。

❷ 契約

組織開発コンサルテーションが他のコンサルテーションと異なる点は、コンサルタントが独力または主体となって成果をあげられないことにある。組織開発は、たとえば新人事制度を設計するようにはいかない。したがって、契約内容としては、どのような組織をめざすのか、コンサルタントと

クライアント双方の役割、基本ルール、契約期間と展開フェーズ、費用などを取り決めることになる。

　組織文化を変革しようとする場合は時間がかかるし、その間に予定どおりいかない場合や信頼関係が損なわれることもあるだろう。組織開発コンサルテーションは中・長期的になることが多いので、数カ月、長くて1年程度の短期的契約を結んで、双方が協議をして定期的に契約を更新するというやり方が適切ではないだろうか。

❸ 診断（情報収集）

　まず、必要情報を収集・分析する。必要情報はさまざまであるが、組織内部に関する情報に限らず、経営環境や事業の分析・評価に関する情報も必要になる場合がある。

　たとえば、私たちが人間ドックで検診を受けたとき、身体的データのみで健康状態をチェックするのではなく、医師との面談や問診によって、どのような土地でどのような職業についているか、どのような働き方をしているかなど、さまざまな外部要因と身体的データを照らし合わせてみたとき、身体的・精神的な健康状態および今後の生活指針を適切に判断することができるのではないだろうか。組織の場合も、成員の大部分が「仕事が面白い。今の職場が好きだ」と感じていても、外部環境が急速に悪化していることに気づいておらず、あげくの果てに会社が倒産したり、突然解雇されたりしては元も子もない。

　外部コンサルタントによる情報収集や診断は、エントリー局面から始まっていることが多い。情報は、面談（インタビュー）、観察、社史・社内報、経営管理指標に関する資料、アンケートなどから得られる。必ずしも数値化されたものとは限らないが、数値化されたアンケート・データがあるとフィードバック時にメンバーの討議もはかどるだろう。アンケートは、組織文化診断を目的としたもの、組織風土（雰囲気）を測定することを目

にしたもの、組織・個人の活性度を診断するものなど研究機関やコンサルティング会社からさまざまなものが提供されている。なお定型的な診断にあわせて、自由質問を加えることが可能なアンケートの構造になっているほうが使い勝手がよいように思う。

なお診断報告書は、コンサルタントが診断した結果を一方的に通知するのではなく、あくまでクライアントに関するデータ・情報をクライアントが読み込み、自分たちの状況を理解することを手助けできるものにするほうがよい。

❹ フィードバック

第1章第4節で、1946年にレヴィンたちによって発見されたフィードバックの機能を紹介した。つまりスタッフ側にとっては、観察データを確かめ、参加者（研修生）の行動を解釈する独特のやり方だということがわかり、また参加者側は、以前よりも自分たちの行動に対して敏感になるとともに、健全で建設的な批評を堂々と行うことができるようになった。

この局面は、サーベイ・データをもとにして行われることから、サーベイ・フィードバックともいわれるが、単に調査結果を説明する報告会というものではない。フィードバックは、クライアントが主体的・建設的に以後のプロセスにかかわっていくかどうかの決め手になるといってもよい。

通常、サーベイとして実施されるアンケートやインタビューなどは組織成員全員、または組織全体が把握できるよう幅広い関係者を対象に行われるが、その結果がオーナーや一部のマネジャークラスにしか報告されず、その他の協力者には全く開示されなかったとしたら、多くの人が不満を抱くのは当然である。自分たちでデータを読み込み、状況を共有し、「我々が主体となり、協力して組織を変革していこう」と決意する流れをつくるためには、組織成員全員を対象にしたフィードバックが必要である。

通常は、組織上層部からスタートし、階層を重複させながらフィードバッ

ク会合を展開する。たとえば事業部で組織開発を行う場合、まず事業部長とその直属の部下である部長たちにフィードバックし討議してもらう。次に、部長とその直属の部下である課長たちにフィードバックし討議してもらう。さらに課長と課メンバーたちというように展開していく。

　この局面は、準備と実施に時間（と費用）がかかり、またその後の展開のあり方に大きな影響を与えることから最も重要な局面といってもよいが、過去に行われた組織開発では、この局面以降は主に課単位での自主的取り組みに任せてフォローも不十分であったため、結果としてうまくいかなかったケースが散見された。

❺ 変革の計画

　フィードバックの局面で診断内容の理解を深めるための議論を行う中で、これから何をなすべきかが明確になっていく。表層的な問題にとらわれず、組織を変革するために効果的かつ本質的な打ち手を見きわめて変革シナリオを作成する。また組織はトータル・システムであり、全体のアライメントを十分に考慮していかなければならない。したがって変革計画の作成においては拙速を避け、かつ関係者が共有できるように進めていくべきである。

　また、この局面および次の「介入」の局面では、特にプロセス・コンサルテーションの考え方が重要である。すなわち何をどのように進めていくかは、ODプラクティショナーが決めるのではなく組織メンバーの最終決定にゆだねるのである。

❻ 介入

　変革の実行段階において、ODプラクティショナーはクライアント側の関係者とさまざまなかかわりを持つ。それを一言で「介入（intervention）」といっているが、言葉の受け取り方にはいろいろあるだろう。日本語の「介

入」には、「あえて首を突っ込む」「押しつける」というニュアンスがある。しかし組織開発の価値観（OD Values）は、そのような姿勢を否定している。介入の大原則は、プロセス・コンサルテーションを行うことである。そのため「支援」というほうが言葉としては適切かもしれない。ただし、ODプラクティショナーがリーダーシップを発揮しなければならないことを忘れてはならない。

　介入のレベルとしては「幅」と「深さ」がある。幅とは、個人、個人間、チーム、チーム間、チームより大きな組織、その組織間、組織全体のことである。深さは、どの程度の結果を期待するか（めざすか）によってコントロールされる。クライアント関係者の能力・スキルやマチュリティ（成熟度）、レディネス（対応姿勢）によっても深入り具合が変わる。ここでは第3章第1節で紹介した「状況対応的リーダーシップ」（図表3-2）が役に立つだろう。

　また組織開発は、計画された期間（スケジュール）の中で必ずしも終わるものではなく、段階（ステップ）を順にふまえて進めることができるものでもない。ある取り組みが終わっていなくても、別の取り組みが始まるということもありうるのである。

❼ 評価

　組織開発では、短期的には評価できないことや間接的にしか評価できないこともある。また、部門間のセクショナリズムが弱まった、チームの人間関係が改善されたということで満足してよいものでもない。売り上げの伸長、新製品の増加、利益の増加、コスト低減など業績面での明らかな改善を求めることは、ビジネスにおいては当然のことといえよう。

　複雑系の理論では、「北京で蝶が羽ばたくと、ニューヨークで嵐が起きる」というたとえが使われる。直接的には業績に影響を与えることのない活動が他の活動と関係しながら、結果として業績を改善・伸長させることもあ

るだろう。反対に、ある要素がはなはだしく好転しても、全体としては目立った成果が生まれていないこともあるだろう。したがって組織開発におけるさまざまな活動の成果は、短期的には単独で機械的に評価することもやむを得ないが、中長期的には有機的かつ組織全体として評価すべきである。言い換えれば業績および組織的健康度の両面が改善・伸長していることが主要な指標であり、さまざまな取り組みが複合して結果につながっていると考えるべきである。

なお、組織開発の成果を測定・評価するための方法として次のようなものがあるので、これらを組み合わせて行うとよいだろう。

①評価指標と数値目標を使って定量的に評価する

そのためには、変革の計画フェーズで評価項目・基準と目標レベルを具体的に決めておくとよい。また診断フェーズで行ったアンケートなどの再実施が評価時に必要になることがある。

②ODプラクティショナーによる面接、観察を行う

定量的に測定しにくい要素がある場合やアンケートでは拾えないことを把握する場合には、面接や観察が必要になる。

③ストーリー・テリング（物語）による評価を行う

現場実践者の苦労をリアルに伝える物語をインタビューなどによって収集し、それぞれの物語に埋め込まれたビジネス成果や組織風土の変容、新しく生まれた組織文化を抽出する方法である。評価するだけで終わらず、特定の組織成員が学習したことを組織全体に伝播させるための方法としても有効である。

④コンクールを行い、応募事例を評価する

コンクールによって優秀チームを表彰したり、事例集を作成・配布したりすることもできる。また発表大会を開催するのもよいだろう。発表大会の効果として、一体感を醸成し組織開発（運動）を盛り上げるだけでなく、モチベーションの向上、手抜きの防止、表彰によるイン

センティブ、発表による組織学習なども期待できる。

なお、評価フェーズで行うアンケートや面談、インタビューなどは定期的に実施したい。私たちが毎年、健康診断を受けるように、組織の状態を定点観測するのである。

5 グリッド方式による組織づくり

　ブレークとムートン（1964、1978他）が提唱したマネジリアル・グリッド（第1章の図表1-8参照）は、規範的であることからコンティンジェンシー（状況適合）理論学派からの批判を受けるが、企業の卓越性を実現するための管理者教育主体のメソッドとして、米国のみならず、日本でも広く採用された経緯がある。

　マネジリアル・グリッド理論では、理想とする9・9型組織づくりのための6段階法（図表5-6）を提示している。これは、まず管理者が組織づくりについて研修で集中的に（50時間）勉強し、組織づくりそのものは管理者の自主管理で行うというものである。

　しかし、ブレークとムートン（1964）は「かなり大きな組織、たとえば従業員2000人以上のところでは、この6段階を終わるのに5年以上かかるだろう」と述べており、また管理者の入れ替わり、組織間の調整の難しさといった理由からも、組織的に専門の支援体制がつくられていないとうまくいかないだろう。グリッド方式を使用するかどうかは別として、管理者をリーダーにして自律的な組織開発を行うことを主眼とするプログラムとして参考にすることができる。

図表5-6　9・9型組織づくりのための6段階

第1段階　グリッド理論学習

該当組織の管理者全員が5日間のセミナーに参加して、グリッド理論の学習と、自分自身の管理スタイルの見直しを行う。

第2段階　チームづくり

職場チームがグリッド理論を適用し、チーム効率を向上させる。最高責任者とその直接の部下たちのチームから始め、順次下部に移行していく。

第3段階　部門間関係の改善

協力して、期待する成果をあげなければならない部門同士でグリッド理論を適用し、調整の必要な活動の効率を向上させる。

第4段階　理想的戦略モデルの設計

企業として到達可能な真の卓越性を実現するために、組織の全機能を強化するためのビジネス・ロジック（経営論理）を開発する。

第5段階　新戦略の実施

現状を理想像に変えるための実行ステップを練り上げ、理想像を実現していく。最小事業単位ごとに専門知識や技術を活用して業務を変革し、生産性を向上させる。

第6段階　統合化

第1段階から第5段階までの活動を通して達成した成果の統合と定着化をはかり、次の発展へのステップを計画する。

出所：ブレーク＝ムートン（1978）訳書P.322-344をもとに作成

第3節
変革への抵抗

1 変革への抵抗は当たり前

　組織開発の最終的な目的は、具体的かつ現実的にいえば、事業の再構築、資材調達方法の改革といった事業上の重要な変革を実現することであるが、大規模な変革をめざすほど大きな抵抗が生じる。

　抵抗の理由はさまざまであるが、その1つが自分の内につくり上げられた枠組みの影響である。人は常に学習しており、学習によって自己の価値観、感情、思考、行動などが形成されると、いったん学習したことを簡単に棄却（アンラーニング）することができないのである。また、自分が所属する社会や組織の枠組みからも大きな影響を受けている。同じ会社であっても、たとえば営業部門と製造部門では日常的に外部環境が異なるために、営業は顧客との関係から思考・行動傾向を形成し、製造は技術や購買との関係から思考・行動傾向を形成していくため、両者はなかなか同じ土俵にのぼることができない。

　そもそも人は、考えることを避けようとする基本的特性を持っている。習慣などがよい例であるが、いくつもの「習慣」や「ルーチン」があれば、考え、悩む必要がないから日常を効率的に過ごせるのである。したがって新たなやり方に移行するよう求められたとき、そのために考えることは面倒で、非効率で、不安定な状態に陥ることになるため抵抗するのである。人が変化や変革に抵抗するのは至極当たり前のことなのだとあらかじめ織り込んでおくとよいのではないだろうか。

2 反応閾値

　大きな変革をめざそうとすると、組織文化を変革することが決め手となる。そのため長期戦を覚悟する必要があるが、いつまでたっても重い腰を上げない人たちがいる。

　社会性昆虫であるアリの生態研究を行った長谷川（2010）によれば、シワクシケアリを1カ月以上観察したところ、働きアリのだいたい2割が、働いているとみなせる行動をほとんどしなかった。アリには上司・部下関係がないので、反応閾値（しきいち）というメカニズムで制御されている。

　反応閾値とは、「仕事に対する腰の軽さの個体差」である。反応閾値が低い個体は刺激が少なくても動き始めるが、反応閾値が高い個体はたくさんの刺激が与えられてようやく動き始める。すなわち仕事量が少ないときは反応閾値が低いアリが処理しているが、仕事量が多くなってすでに動いているアリの手に余るようになると、だんだん反応閾値が高いアリが動き始めるのだという。

　このように生物には反応閾値に個体差があるため、組織開発を前向きに受け止め、協力的で一生懸命取り組むメンバーがいる一方で、とりあえずの様子見を決め込むメンバーや、全く関心を示さないメンバーがいると考えることができる。このような生物特性も集団に働きかけるときには織り込んでおく必要があるだろう。

3 ティッピング・ポイント

　1人当たり名目国内総生産（GDP）が3000ドルを超えると家電や車が本格的に売れ始めるといわれている。この3000ドルが家電や車の普及におけるティッピング・ポイント（tipping point）であり、この概念はグラッドウェル（2000）によって広く知られることになった。

ティッピング・ポイントとは、「すべてが一気に変化する劇的な瞬間。臨界点または閾値」（tip は、「傾く」の意）のことであるが、多くの場合は数値として明確になっているわけではない。このティッピング・ポイントをうまく使えば、「小さな変化」が「大きな変化」を生み出すことができるという。

したがって、組織改革においてもスタート時点からほとんどの人が賛同している必要はない。また大きな変革を生み出そうとしている場合ほど抵抗者が多いものであり、当初は多くの期待はできないが、その後のプロセスでティッピング・ポイントをつくり出す意図を持っておくとよい。

グラッドウェルは、劇的変化をもたらす要因として、次の3点をあげている。

①少数者の法則

　周囲に「よさ」を伝えることが得意で（影響力がある）、労をいとわない一握りの人々によって一気に伝播させる。

②粘りの要素

　記憶に粘りつくような強いメッセージを与える。

③背景の力

　流れを反転させることにつながる直接的で些細な環境条件を特定・実行し、一気に傾かせる（たとえばニューヨーク市において、地下鉄の落書きや無賃乗車といった生活環境犯罪の取り締まりを強化したところ凶悪犯罪が激減した）。

マーケティングにおいてもティッピング・ポイントを見出すことができる。イノベーション理論では、イノベーター（革新的採用者）、アーリーアダプター（初期採用者）、アーリーマジョリティ（前期追随者）、レイトマジョリティ（後期追随者）、ラガード（採用遅滞者）というイノベーションの普及プロセスにおいて、アーリーアダプターからアーリーマジョリティへの移行時に「キャズム（深い溝）」があり、それを乗り越えると不連

続な拡大が起こるとされる。ティッピング・ポイントはキャズムに存在しているが、それをうまく乗り越えることができなければ新商品はヒット商品にならないのである。イノベーション理論でのティッピング・ポイントは普及率が20%前後のところにあるといわれているが、組織開発においても積極的参加者がそのあたりになったときが分水嶺になるといえそうである。

4 組織開発における「カオスの淵」

　第4章第1節では「自己組織性」について述べたが、組織変革を「カオスの淵」という視点からとらえることもできるだろう。カウフマン (1995) によると、カオスの淵とは「秩序（システム）と無秩序（カオス）の境目」のことで、その境目の秩序側にある、いくらかの秩序を持ち、柔軟なふるまいを最もうまく示しうる領域において自己組織化、すなわち組織の進化が起こるという。

　カウフマンは、生物も組織も複雑系であり、自然科学の考えは社会科学にも適応できると考えている。ある生物が進化すると、それまでパートナーであった生物も共に進化することを「共進化」という。企業において、経営環境の変化に応じて同業他社が変革を行ったとき、自社の破綻を避けるために変革しようとすることも「共進化」ととらえることができる。

　組織の変革を組織の進化と考えれば、組織を変革するときには従来システムをカオスの淵に持っていかなければならない。無秩序状態になってしまうと組織は崩壊してしまうため、適度な柔軟性を持ち、破局に至らない程度の状態にすることが望ましい。したがって混乱を恐れたり、早急に混乱状態を落ち着かせようとするのではなく、むしろ意図的に混乱を容認し、それを変革のために活用しようとする発想が必要とされる。また激しく変化する経営環境においては、常に組織をカオスの淵に置かれた状態にして

おくことも経営戦略になるといえよう。

　日本電気（NEC）中興の祖と呼ばれる小林宏治氏（社長在任1964-1976）は、コンピューターと通信の融合をうたったC&C（Computer & Communication）という理念を提唱した。当時は、松下電器産業が「金食い虫でもうからない」という理由でコンピューター事業から撤退したが、小林氏は将来の有力事業になると確信を持っていた。

　小林氏は、それまで当然としてきた前提を疑い、さまざまな新しい基準を導入した。そして朝令暮改をいとわなかった。そのため社内は混乱し、不安定な状態に陥った。小林氏は退任時、「不安定中の安定」と題して、次のように述べた。

　「私がトップだったために社員の皆さんは大変だったと思う。これまで当然としてきたことを否定し、やったことのないことを要求したのだから。しかし、あえて不安定な状態に置かれたからこそ激変する環境に対応できたのであり、主力事業を育てることもできたのだ。環境の変化が激しい時代は、あえて不安定な状態に身を置くことによって生き残ることができるのだ」

　小林氏の経営は、C&Cという理念を明確にしながら、日常においては思考と行動を固定化させないために小さな変化を連続させようというものであった。現代のリーダーの役割は、「あえて組織をカオスの淵に誘い込み、ゆらぎ（不安定）の状態をつくり出すこと」ともいえるだろう。

第4節
変革のリーダーシップ

1 リーダーシップとリーダー哲学

❶ リーダーシップとは

　リーダーシップの本質は「人や組織を動かすインフルエンス（影響力）」であり、組織の長という役職であっても関係者へのインフルエンスがなければリーダーとはいえない。またリーダーシップは委任的、強制（指示）的、放任的、民主的、支援的などさまざまなスタイルで分類されているが、そのようなインフルエンスの「あり方」も重要な要素とされている。

　リーダーシップは本来、リーダーがメンバーや組織に対して行う直接的な働きかけであるが、組織では直接的に働きかけることが困難な場合（大組織の場合）や、相手の感情的側面から直接働きかけることが得策ではない（何度も働きかけられるとうるさがられ、やる気をなくすことがある）こともある。したがって、リーダーシップでは代替リーダーシップをうまく使うことも必要である。代替リーダーシップには、経営理念、経営ビジョン、行動指針といったものがあり、これらを明示し、浸透させることによって、リーダーシップの肩代わりをさせようというものである。

❷ リーダーシップの源泉となるリーダー哲学

　組織には白黒の判定をつけられないあいまいな事柄が山のように存在している。たとえ正解は出せなくとも、リーダーが自らの信念にもとづいて対処しなければ組織は動けない。組織のゴールやそこに至る経路、方法などにはさまざまなものがあるが、それらを特定するにはリーダー自身のモ

ノサシが必要であり、それがリーダー哲学である。リーダー哲学がゆるぎのないほど関係者に対する影響力は強くなり、リーダーシップの源泉ともいえる。

また、リーダー哲学は経営者のみに必要とされるわけではなく、管理者やチームリーダーなどさまざまな立場で組織を主導すべき人々にとって必要とされるものである。

❸ リーダー哲学のあり方

かつてアベグレン（1958）は、『日本の経営（邦題）』の中で日本的経営の特徴として、いわゆる「終身雇用」「年功序列」「企業内組合」（日本的経営の「三種の神器」として知られている）を指摘した。

アベグレンがフォード財団の助成を受けて来日し、日本企業の調査を行ったのは1955～1956年である。その調査には終戦後の急速な経済復興だけではなく、明治維新後またたく間に欧米先進国と肩を並べるほどになった日本の産業・経済の発展の秘密を探ろうという視座があった。第2次世界大戦が終わってから新しい日本的経営が生まれて根づくほど長い年数がたっているわけではないし、戦前に制度としてはっきりと三種の神器が存在していたというものでもない。

アベグレンは、日本企業および従業員双方が「終身の関係」を原則としており、また報酬、職階、昇進、従業員の生活に占める企業の地位などに日本的な経営の特徴があると指摘した。後にアベグレンは経営コンサルティング業界に転じ、ボストン・コンサルティング・グループ（BCG）では日本支社初代代表を務め、1982年からは日本に永住し、コンサルティング会社を経営するとともに上智大学で教鞭をとった。1997年には日本国籍を取得している。

2004年に『日本の経営〈新訳版〉』が刊行されたとき、アベグレンは「新訳版への序文」に次のように記している。「成果主義がもてはやされても

いる。成果主義というのは何ともあいまいな言葉だ。成果がよいものであるのは自明の理だ。だが、きわめて単純な作業ならともかく通常の仕事では、各人の成果を計測するしっかりした方法は、だれも考案できていない。日本的経営に代えて成果主義を採用するのは自殺行為だと思える。日本の文化を無視した変化、制度全体に与える影響を考慮しない変化、日本経済の成功をもたらした基盤を脅かしかねない変化……、こうした変化は拒否すべきだ」

　アベグレンは2007年に死去しているが、この序文の言葉を、彼の長年にわたるコンサルティング経験や日本企業の研究からの貴重なアドバイスとして受け止めたい。欧米企業の模倣やあやしげなグローバル・スタンダードなどに振り回されることなく、信念ある経営やマネジメントを行おうとしたとき、リーダーには自分自身が確信を持てるリーダー哲学が必要である。

2 ビジョン（存在理由）

　組織において示されるビジョンは、リーダーの個人的な思いから出発する。コリンズとポラス（1996）がいうように、リーダーは「我々のレーゾン・デートル（存在理由）は何か」を周囲に伝える。その当初は個人的な思いにすぎないが、組織成員に伝えられ浸透することで、自分たちの組織のビジョンとして共有されるのである。

　図表5-7は世界の有名企業が掲げる存在理由（ビジョン）を示したものである。この中にスポーツ事業の世界的企業であるナイキ(Nike)のビジョンがあるが、競技を通じて、勝つことと競争相手を打ち負かすことにまつわる情緒を体験することがとても大切であるというのは、まさに創業者であるフィリップ・ナイトのスポーツに対する信念や価値観を表し、それを多くの人に伝えるための事業を行いたいという思いが伝わってくる。

図表 5-7　組織の存在理由（ビジョン）

組織名	存在理由
スリー・エム	未解決の問題を画期的に解決する
メアリー・ケイ・コスメティックス	女性に限りない機会を与える
ナイキ	競う、勝つ、そして相手を粉砕するときの情緒を味わう
ソニー	社会に利益をもたらすために技術を進歩・応用することの喜びを味わう
ウォルマート	一般の人びとに裕福な人びとと同じ品物を買う機会を与える
ウォルト・ディズニー	人びとを幸せにする

出所：コリンス＝ポラス（1996）P.69

　また、世界最大の小売業にまで成長したウォルマートの「一般の人びとに裕福な人びとと同じ品物を買う機会を与える」も、米国の小さな町から打って出たサム・ウォルトンの思いがよく伝わってくる。

　そもそもリーダー個人の思いを抜きにしたビジョンなどありえない。ただし、数語の文字だけでは関係者に伝わらない。したがって、よいリーダーは、ほんの数語のビジョンを、ビジョン・ステートメント（声明）として関係者に伝え、彼らを巻き込んでいく。図表 5-7 にあるウォルト・ディズニーのビジョンは「人びとを幸せにする」と短いものであるが、彼のビジョン・ステートメント（ナヌス 1992）を聞いてみよう。

　　「ディズニーランドのアイデアは単純なものだった。そこに行けば、人は幸せを感じ、何かしら学ぶことができる。家族全員で行けば、楽しく過ごすことができる。先生と生徒が一緒に行けば、普段とは違う学習ができる。老人たちは昔懐かしい思い出に浸ることができ、若い

人たちは未来への挑戦を味わうことができる。ここに来れば、自然と人類にまつわるすべての奇跡を見学することができる。ディズニーランドは、アメリカの理想と夢と厳しい現実にもとづいてつくられ、そしてそれらに捧げられているのである。そして、独特の方法でこうした夢や現実をドラマに仕立て上げて、勇気とインスピレーションの源泉として世界へ向けて発信しようとしている。

　ディズニーランドは美しい場所で、博覧会や遊び場や地域センターとみることもできるし、生きた現実を陳列する博物館とも、審美的要素と不思議な力が混在するショーとみることもできる。ディズニーランドは、私たちが生きている世界の芸能と喜びと希望がぎっしりつまっている。そして人生に驚きと感動を持ちつづけることを思い起こさせ、その方法を教えてくれるのだ。」

ウォルト・ディズニーは、自分がこの世に生まれてきた意味（役割）を、事業の形としてどのように実現していくのかをビジョン・ステートメントに見事に表現している。

3 適切な組織観

マグレガー（1960）は、経営者や管理者の基本的な考え方には2種類あるとして、それをセオリー X（X 理論）、セオリー Y（Y 理論）と名づけた（図表5-8）。

セオリー X の経営者・管理者は、「人間は生まれながらに怠け者で無責任であるから監視が必要だ」と考える。一方、セオリー Y の経営者・管理者は、「人間は生まれながらによく働き責任感が強いのだから、そのような状況をつくり出すことが自分の役割だ」と考える。セオリー X とセオリー Y は、性悪説と性善説のように、どちらが正しいかという点で結論

図表5-8　セオリーXとセオリーY

セオリーXの考え方	セオリーYの考え方
①普通の人間は生来仕事が嫌いで、なろうことなら仕事はしたくないと思っている。 ②この仕事は嫌いだという人間の特性があるために、たいていの人間は、強制されたり、統制されたり、命令されたり、処罰するぞと脅されたりしなければ、企業目標を達成するために十分な力を出さないものである。 ③普通の人間は命令されるほうが好きで、責任を回避したがり、あまり野心を持たず、何よりもまず安全を望んでいるものである。	①仕事で心身を使うのはごく当たり前のことであり、遊びや休憩の場合と変わりはない。 ②外から統制したり脅かしたりすることだけが企業目標達成に努力させる手段ではない。人は自分が進んで身をゆだねた目標のためには自ら自分にムチ打って働くものである。 ③献身的に目標達成に尽くすかどうかは、それを達成して得る報酬次第である。 ④普通の人間は、条件次第では責任を引き受けるばかりか、自ら進んで責任をとろうとする。 ⑤企業内の問題を解決しようと比較的高度の想像力を駆使し、手練を尽くし、創意工夫をこらす能力は、たいていの人に備わっているものであり、一部の人のものだけではない。 ⑥現代の企業においては、日常、従業員の知的能力はほんの一部しか活かされていない。

出所：マグレガー（1960）訳書 P.38-39、54-55 をもとに作成

は出せないだろう。そこには自己の人間観や組織観、世界観などが影響している。

　これに対してオオウチ（1981）は、セオリーZを提唱した。米国企業と日本企業を比較し、米国の組織によく見られるのはAタイプとZタイプであり、日本の組織はJタイプとした（図表5-9）。そして、米国ではJタイプに類似性が高いZタイプが成功していることから、セオリーZを提唱したのである。なお、これは純粋型のタイプはなく、基本的傾向としてのものである。

図表 5-9　組織タイプの比較

日本の組織（Jタイプ）	米国の組織（Aタイプ）	米国の組織（Zタイプ）
終身雇用	短期雇用	長期雇用
遅い人事考課と昇進	早い人事考課と昇進	比較的遅い人事考課と昇進
非専門的な昇進コース	専門化された昇進コース	渡り歩く昇進コース
非明示的な管理機構	明示的な管理機構	明示的な管理機構
集団による意思決定	個人による意思決定	合意と参加による意思決定
集団責任	個人責任	個人責任
人に対する全面的なかかわり	人に対する部分的かかわり	人に対する全面的なかかわりと平等主義

出所：オオウチ（1981）訳書 P.88、104-134 をもとに作成

　またオオウチは、集団レベルの意思決定と個人責任の両者を結びつけるには信頼の雰囲気が必要であるという。そして全員が基本的に並存しうる目標を持ち、かつ誰も利己的な行動はとらないという強い想定のもとで、個人個人が集団決定に対する責任を受け入れ、その仕事を成し遂げるべく熱心に努力することによってZタイプが実現すると説明している。

　それゆえオオウチは企業文化の重要性を強調する中で、とりわけ特徴的で重要なセオリーZの企業文化として「人間的要素は企業の枠を超えている」と述べている。仕事は仕事以上のものであり、企業は人々の生活のほとんどを決めてしまう。したがって、午前9時から午後5時まではまるで機械のように働き、会社以外の時間では人間らしく過ごすという二重生活でなく、人々の生活を全体的なものととらえるべきだとする。

　またオオウチは、モデル・タイプを提示しただけではなく、セオリーZの企業文化に変革していくことは組織開発であるとして、そのためのステップを示している（図表5-10）。ただしステップを必ずしも順番に行うものではなく、多くはオーバーラップし全体論的（ホリスティック）に進められる。

図表 5-10　AからZへーそのステップ

ステップ 1	Zタイプの組織と自らの役割を理解する
ステップ 2	会社の経営理念を監査する
ステップ 3	望ましい経営理念の明確化と会社幹部のかかわり合い
ステップ 4	機構と刺激策をつくり出して経営理念を実施する
ステップ 5	対人関係についての技能を開発する
ステップ 6	自らとシステムをテストする
ステップ 7	組合を引き込む
ステップ 8	雇用を安定させる
ステップ 9	遅い評価と昇進のためのシステムを定める
ステップ 10	昇進コース（キャリア・パス）を広げる
ステップ 11	最前線での実施に備える
ステップ 12	参加を実施する場を見つけ出す
ステップ 13	全体志向の関係の展開をはかる

出所：オオウチ（1981）訳書 P.137-179 をもとに作成

4　ティッピング・ポイント・リーダーシップ

　キムとモボルニュ（2003）は、ウィリアム・ブラットンによるニューヨーク市警（NYPD）改革を「ティッピング・ポイント・リーダーシップ」と呼んでいる。当時のジュリアーニ市長から市警の改革を託されたブラットンは、本部長就任から2年を待たずして驚くに値する業績をあげた（図表5-11）。

　ブラットンはどのようにして、これほどの業績を短期間にあげることができたのだろうか。

　彼のアプローチは、「人びとの心に訴え、しかも議論の余地のない言葉で改革を呼びかけ、いま必要とされるところに資源を傾斜配分し、組織のキーパーソンたちを動かし、声高な反対意見を封じる」ことであった（図表5-12）。そして、その過程から組織改革にも前節であげたティッピング・ポイントを見出すことができた。すなわち「ある組織において、信念や内

図表 5-11　ブラットン（ニューヨーク市警本部長）の業績

在任期間　1994～1996

改革前	改革後
・中流階級は住みやすい環境を求めて郊外に移っていた。 ・高い犯罪率を前に、市民の間にはあきらめが広がっていた。犯罪は社会規範崩壊の一端とみなされていた。 ・警察予算は縮小し続けており、NYPDでも人件費を除く予算の 35％が削減された。 ・警官らの士気は低く、給与は周囲と比べ低かった。	・犯罪全体の発生率は 17％低下した。 ・凶悪犯罪の発生率は 39％低下した。 ・殺人の発生率は 50％低下した。 ・窃盗の発生率は 25％低下した（強盗の件数は 3 分の 2 に減り、住居侵入窃盗の件数は 4 分の 3 に減少した）。 ・1990 年と比べると、犯罪被害者の数は 20 万人減少した。 ・ブラットンの任期が終わるころには、4 年前にはわずか 37％だった NYPD への支持率は 73％へと急上昇していた。

出所：キム＝モボルニュ（2003）訳書 P.121 をもとに作成

的エネルギーの強い人の数が一定の臨界点を超えると、その瞬間、組織全体に新しい考えが急速に広がり、きわめて短期間で抜本的な変化が起こる」のである。また、ブラットンが NYPD を去った後も改革の効果が持続した。これは、警察署内の組織文化・戦略に根本的なシフトが起こったことを意味する。

　NYPD の事例は、まさに組織開発がめざしているものといえる。組織開発では組織本来の使命を達成することが求められているのであり、業績の変化によって成否をはかるのは当然のことである。また、これまで組織開発には相当な時間がかかるとされてきたが、本例はこれまでの認識よりもっと短い時間で目に見える成果をあげることができている。その決め手はトップのリーダーシップのあり方であると思われる。

図表 5-12　ティッピング・ポイント・リーダーシップ：4つのハードルと対策

ハードル	対　　　策
意識の改革	改革のキーパーソンであるライン・マネジャーたちを問題に直面させ、顧客と向き合わせる。また、社内コミュニケーションの方法を工夫する。
資源の不足	問題箇所に資源を重点的に投入する。また協力機関と資源を交換する。
意欲の欠如	人々をスポットライトの下に立たせる。また、組織階層ごとに、それに見合ったスローガンを掲げる。
社内政治	内部の抵抗勢力を見つけて口を封じる。外部の反対派を孤立させる。

出所：キム＝モボルニュ（2003）訳書 P.122

5 リーダーによる強制的説得

　エドガー・シャインは、組織心理学、組織開発の研究者であり、コンサルタントとしても豊富な経験を持っている。組織開発において企業文化の変革は可能であるとしつつも、バラ色のやり方などはなく、時として関係者に対して強制的にふるまう必要性について述べている。

　シャイン（2002）によれば、組織文化を変革する組織開発の場合は「転換的学習（前提や価値観を根本的に新しくするような学習）」が必要であるが、一部の組織成員はさまざまな抵抗を試みる。そして「あらゆる学習は基本的には強制的なものであり不安感が不可欠」だという。逆説的であるが、「不安感が学習を抑制する一方、学習には不安感が必要」なのである。

　不安には、新しいことに取り組むときに感じる「学習不安」と、生きていくためには変わらなければならないという現実認識としての「生存不安」があり、「生存不安が学習不安より大きいとき、学習が生まれる」のである。すなわち学習不安は人間本来の基本特性であるため常に存在するものだが、成員が学習の必要性を受け入れれば適切な学習プロセスを導入できる。そ

のためリーダーは成員を教育し、信頼されるメッセージを発信しなければならない。リーダーが成員から信頼を獲得できれば、前向きな不安感を創出できるのである。

　またシャインは、企業文化を変革するためには「強制的説得」が不可避であるという。組織全体が学習するには、「トップマネジメントが全成員に新たな信条や慣行を強制的に課す」必要がある。人々が長年の思い込みを捨て、根本的に新しい概念を採用するという忘却と再学習のプロセスは信じがたいほどの痛みをともなううえに、遅々として進まないものである。大規模な企業文化変革には、通常長い時間がかかり、「プロクター・アンド・ギャンブルの場合、およそ25年」かかっている。組織の全レベルで新たなアイデンティティと人間関係を築くには、それくらいの時間を要するのである。

　リーダーが社内の根本的な前提や価値観を変革することに真剣に取り組もうとするならば、さまざまなレベルの不安や抵抗を覚悟すべきである。したがって学習のために権力と強制を利用する行為を、単に悪しきものとするのではなく、内容の正当性に主眼を置くべきであり、「内容が正当化できるものであれば、強制的説得は効率的なばかりか、手段としても完全に正当なものである」という（かつてシャインは、朝鮮戦争で捕虜となったアメリカ兵が中国に洗脳されたことを研究していた。シャインは洗脳を必ずしも悪いこととしてとらえているわけでなく、組織学習では必要であると認め、「強制的説得」という言葉を使っている）。

第6章
組織開発の最近の動向

第1節
ホールシステム型組織開発

1 ホールシステム・アプローチ

❶ 組織開発の新しいアプローチ

　生成期（初期）の組織開発は、主に個人・チーム・小集団を対象として、対人関係、チームづくり、チーム間関係の改善といったことに主眼が置かれていた。コンサルタントやトレーナーの専門性も心理学をベースとしている場合が多かった。20世紀半ばごろの組織では、人間性の尊重が強く求められるようになっていたが、その後経済社会が急速に発達し、企業はますます厳しい競争にさらされるようになり、組織の業績を高め、かつさまざまなステークホルダーの期待にかなうことの重要度が増していった。その中で、組織開発は従来の延長線上で対応するしかなく、経営サイドからすれば満足できる貢献が見られなかった。

　1980年代半ばになると、リストラクチュアリングやBPRを代表格とするチェンジ・マネジメントが登場した。悠長なことをやっていては生き残れない時代になったのだから、経営トップを主体とした少数者が主導し、短期間で、大胆に、外科的手段も使って経営改革をはかろうとするチェンジ・マネジメントが大流行した。このころが組織開発の停滞期ということができる。

　しかし中長期的にはチェンジ・マネジメントの効果が乏しく、場合によっては組織内部が荒廃し業績にも悪影響が見られるようになったとき、組織開発の新しいアプローチであるホールシステム・アプローチが注目され、その広がりによって組織開発の復権ともいわれるようになった。

ホールシステム（whole system）とは、全体的組織のことをいい、階層（経営層、管理層、一般層）や機能（製造、営業、研究、購買、経営など）にまたがり、必要があれば関連会社・協力会社も含む。金井(2012)は、「ホールシステム・アプローチによって、ひとの側面に焦点を合わせて個人や集団レベルで展開された組織開発に対して、人間面に加えて、全体としての組織レベルで戦略や将来の構想という課題面にも焦点を合わせるようになった」と指摘している。組織全体が、業績や事業の将来に積極的にかかわり、かつ必要な変革を実現しようとする「これからの組織開発」の方向性が明確になってきたといえよう。

❷ ラージグループ・インターベンション

ホールシステム・アプローチは、多くの関係者を一堂に集めて行う必要性がある。数十人、何百人、場合によっては千人以上で行いたいということもある。そのためにラージグループ・インターベンション（large group intervention）といわれる参加者が多い場合の介入手法が開発された。この手法は数十あるが、代表的なものとして、後述するフューチャーサーチ、AI（アプリシアティブ・インクワイアリー）、OST（オープン・スペース・テクノロジー）、ワールド・カフェがある（ただし AI と OST は、少人数でも実施可能）。

マーシャク(2012)は「たくさんの人に集まってもらってミーティングをするというのは、早い変化に対応するためのものです。たくさんの調査をしたり、分析をしたり、データを集めたりする代わりに、すべての関係者（トップから下まで）に、そして雇用者もまわりの人も含めて、全員の人に集まってもらうと、2～3日で合意が得られるので、そのほうが早いわけです」と述べている。つまり事前の調査をなくすことで立ち上がりを早くすること、もう1つは参加者が主体的にかかわり合意することによってモチベーションを高めることをねらっているのである。

2 ポジティブ・アプローチ

❶ ストレングス・ベースド・アプローチ

　ホールシステム・アプローチのメソッドであるフューチャーサーチ、AI、OSTなどは、ポジティブ・アプローチを取り入れている。ポジティブ・アプローチは、単純な「ポジティブ思考」や「プラス発想」とは異なり、「組織が持っている強みを活用して新しい可能性を追求しようというアプローチのこと」で、ストレングス・ベースド・アプローチともいわれる。内発的・創造的で、やる気を高め独自性のある成果を生み出すことをねらっている。

　私たちが何か新しい取り組みをしようとするのは、その前提として問題が存在し、それを解決しようとするからである（図表6-1）。その問題には大別して、「既定の『基準』に照らし合わせて認識される問題」と「ありたい状態を『基準』とし、それを実現するために解決しなければならない問題」

図表6-1　問題解決アプローチ

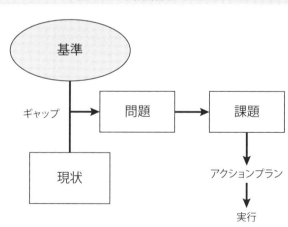

※1：基準には、①既定のもの、②こうありたいと設定したものがある。
※2：課題とは、問題を解決するために考え出された方法（仮説）である。

の2つがある。前者は、製品・サービスの決められた品質、規則・ルール、慣習、上層部からの指示・命令・要請などが基準となり、それが充足できていない場合に問題とされるものである。後者は、かくありたいという状態（ビジョン、夢、思いなど）が基準となり、その視点（基準）から現状をとらえたときに充足できていないことが問題となる。

このように問題解決には現状維持・改善指向のものと機会開発的で未来指向のものがあるが、ポジティブ・アプローチは後者の立場で自らの強みを活かして問題解決に取り組もうという考え方である。

❷ 悲観的固定観念の打破

組織開発にポジティブ・アプローチが取り入れられたころ、ポジティブ心理学が台頭している（第1章第5節「心理学の新潮流の影響」の項でも触れた）。組織開発と心理学の関係はもともと密接なものであったが、これまでの心理学研究は、人間の精神的問題（疾患）を解決（治療）しようとする病理心理学であり、組織開発もその影響を受けていた。これに対し1998年にセリグマンが、自身が研究していた「人間の持つ長所や強みに着目し、ウェル・ビーイング（良質な生き方）を追求する心理学」を提唱し、その後急速に広まったのがポジティブ心理学であり、ホールシステム・アプローチやポジティブ・アプローチとも通じるものがある。

ポジティブ・アプローチは、悲観的固定観念を打破するためのアプローチ方法である。組織開発において、問題の共有化や解決方法を検討するときに、集団的絶望状態に陥って深い穴から抜け出せなくなるような状況を避けるためには、思考・発想面での新しいアプローチが重要となる。ポジティブ・アプローチによってメンバーが新しい価値観や組織文化を生み出すことに挑戦させようとするのである。

3 診断型組織開発と対話型組織開発

組織開発を診断型と対話型に区分する考え方がある(対話の意味・特徴については、図表6-2参照)。大まかにいえば、従来の組織開発のメソッドが診断型であり、最近のホールシステム・アプローチのメソッドであるフューチャーサーチ、AI、OST、ワールド・カフェなどが対話型とされている。

図表6-2 対話とディベート、ディスカッションの違い

対　　話	ディベート、ディスカッション
部分の中に全体を見る:部分間の関係を探す	論点や問題を細分化する:部分間の違いを見る
考え方の基礎となる前提を問う	自分の考え方の基礎となる前提を正当化し、擁護する
質問とディスクロージャー(公表)を通して学ぶ	説得する、自分を売り込む、論じる
数多くの意見をもとに共通の意味を見いだす	1つの意味で合意形成を図る

出所:マーコード(2004)訳書 P.101

中村(2014)は、2011年にマーシャク氏が来日したときに行ったインタビューを次のように伝えている。

「診断型ODと対話型ODという大別はBushe & Marshak(2009)[*]によって提唱されている。ODの過程において、OD実践者による診断のフェー

---

[*] Bushe,Gervase R. & Robert Marshak 2008 *The postmodern turn in OD.*, OD Practitioner, 40(4):9-11
Bushe,Gervase R. & Robert Marshak 2009 *Revisioning organization development:Diagnostic and dialogic premises and patterns of practice,* Journal of Applied Behavioral Science,45:348-368

ズが伴うアプローチを診断型 OD、診断のフェーズが伴わないアプローチを対話型 OD とした。彼らが診断型 OD と対話型 OD というタームを用いる前は、古典的 OD（classical OD）とポストモダン OD（postmodern OD）というタームと考え方を用いていた（Bushe & Marshak,2008）。しかし、ポストモダンというタームが意味するところの多義性やあいまいさからいくつかのコメントや批判を受け、Bushe & Marshak（2009）では、diagnostic（筆者注：診断）OD と dialog（同：対話）OD というタームを用いることになったという」

このように著名な研究者が診断型組織開発と対話型組織開発という区別を行っているが、診断型では対話が行われていない（重視されていない）わけではないことに注意が必要である。シャインが提唱し、組織開発のベースとされているプロセス・コンサルテーションにおいては、OD プラクティショナーが調査結果を決めつけず、調査データをクライアント側にフィードバックし、そのメンバーの解釈を支援し、起こすべき行動はメンバーが決めるのである。そのとき、OD プラクティショナーとクライアント、およびクライアント内部では対話が行われている。

また、対話型は「現実（リアリティ）はすべて人々の頭（感情や意識）の中でつくりあげられたものである」と考える社会構成主義に立脚しており、リアリティは1つだという前提で行われる調査フェーズを否定し、そのかわりに多様な関係者の相互作用である対話を通して、画一的な見方を修正して現実を解釈・共有し、新たな可能性を見出し、アイデアを創発し、互いの関係性を変化させようという意図を持っている。

4 ホールシステム・アプローチのメソッド

❶ フューチャーサーチ

ワイスボードとジャノフにより 1987 年に提唱されたホールシステム・

アプローチの代表的手法がフューチャーサーチである。ワイスボードとジャノフ（2000）によれば、フューチャーサーチは「アクションプラン作成のための非常に効果的なミーティングのデザイン」である。2日半のミーティングは図表6-3の流れで進められる。

図表 6-3　典型的なフューチャーサーチの日程表

初日　午後
- 過去を振り返る
- 現在と外部のトレンド (External Trend) に焦点を当てる

第2日　午前
- トレンドの続き
- 現在に焦点を当て、自分たちの行動を認める

第2日　午後
- 理想的な未来のシナリオ
- コモングラウンド (Common Ground：共通の拠りどころ) を明確化する

第3日　午前
- コモングラウンドの明確化の続き
- アクションプラン作成

出所：ワイスボード＝ジャノフ（2000）訳書 P.26

　このミーティングでは、難しいテーマ（たとえば、事業戦略の再検討、業務プロセスの見直し）について事前に結論を持たず、利害が異なる関係者を一堂に集めて（「ホール・システムが一堂に会する」という）、対話を通じて協力し合いながら、参加者各人が自己の責任においてアクションプランを作成する。
　フューチャーサーチによって検討したいテーマが決まると、多様な関係部門から影響力のある人々を参加させるための準備が重要とされる。関係

者全員が参加するのではなく標準的に60〜70人のキーパーソンを招待するため、「誰を呼ぶか」が重要な影響を及ぼす。

またワイスボードとジャノフは、ODプラクティショナーは「ファシリテーター」であり、「参加者が扱っている課題と異なる課題について話したとしても、私たちはそれに対し何らかの働きかけをすることなく耳を傾けます。また、人間関係のダイナミックスを扱うプロセス・コンサルタントのような行動は取りません。人々の動機や仮説に対し、意見を述べることもありません」といっている。あくまでも参加者の自己管理やリーダーシップにゆだねようとする。

一方、ミーティングは相当程度が構造化されているため、訓練されたファ

図表6-4　フューチャーサーチが失敗する場合

1. 参加者が少なすぎる場合（25人以上のほうが成功の可能性が高い）
2. ステークホルダーの多様性が十分でない場合（私たちは、多くの視点や参加者を必要としている）
3. 各段階での参加者全員による話し合いを省略してしまう場合
4. 2日半の作業を1日でできるのではないかと考えて、時間を短縮してしまう場合
5. 基調講演やプレゼンテーションを行う場合（このことにより、「参加者の考えを共有し合う場である」というミーティングの雰囲気とダイナミックスが変わってしまう。私たちは、参加者が自分たちの計画に責任をもってほしいと考えている）
6. 過去や現在において抱える問題を前向きに評価するのではなく、嘆き、悲しむことに心が向けられる場合
7. グループが解消されない対立を蒸し返し、与えられたタスクに取り組むことを回避する場合
8. リーダーが、フューチャーサーチの結果として出てきた取り組みを支援せず、自分のビジョンを語る機会として使おうとする場合
9. コンサルタントが、グループのニーズを診断し、解決策を講じ、研修（スタイル診断、意識調査、スキル向上の演習、グループ・ゲームなど）の時間として使おうとする場合（このような転換は、主導権を参加者から外部の人に移し、グループが責任を取らなくなるという結果をもたらす）

出所：ワイスボード＝ジャノフ（2000）訳書 P.65

シリテーターによって適切に運営される必要がある。なお、図表6-4のように「失敗する場合」としてあげられた項目はよくありがちであり、留意しておきたい。

また中村（2014）は、「フューチャーサーチは2.5日間の定型であり、日本ではハードルが高い」と指摘している。実際にわが国の企業内研修は短縮化の傾向が続いており、かつては3日間が標準的だったが、最近は1～2日で行いたいという要望が多くなっている。

❷ AI

Appreciative Inquiry（アプリシアティブ・インクワイアリー）は、直訳すれば「価値を高めるための探求」であるが、通常はAI（エイ・アイ）と略される。1986年にクーパーライダーによって提唱されたメソッドである。

ホイットニーとトロステンブルーム（2003）は、AIとは「ヒューマン・システム（human system：人間が作り出すシステム）が最善の状態で機能しているとき、それに生命を吹き込んでいるものは何かについての研究や探求である」としている。また「長所、成功、バリュー（価値）、希望、夢などに関する問いかけやダイアログ（dialogue：対話）そのものに、変容をもたらす性質がある」という考え方（仮説）をふまえ、「最善の状態で行われる人間の組織化と変化は、肯定することと正しく認識することを土台としたインクワイアリー（問いかけ）の連鎖的なプロセスである」という。

AIには、「4Dサイクル」（図表6-5）といわれる中核的プロセスがあり、「AIサミット」と呼ばれるミーティングで、ディスカバリーを起点として、ドリーム、デザイン、デスティニーと展開する（図表6-6）。「AIサミットは、1回あたり50人から2万人まで、あるいはそれ以上の幅広い数の参加者を対象にできる」（クーパーライダー＝ウィットニー 2005）という。

なお高間（2009）は「AIは、参加者のポジティブな想いを引き出すのに

効果的」であるが、「AIだけでは実行に向けたアクションプランを作成する部分が構造的に十分ではない」ことを指摘している。また中村（2014）は、AIの「ハイポイント・インタビュー（筆者注：過去の至高体験を思い出させる質問で、成功の根本原因の気づきにつなげる）などの手法が、便利なツールとして使われることで日本に広がっているという現状がある。この現状は、AIが理論ベースのアプローチ（筆者注：社会構成主義、ポジティブ性の原理など）であることからすると危機的な状態である」と述べている。さらに、フューチャーサーチより長い4日間程度のAIサミットは、日本では現実的に開催が難しいといわざるを得ない。

図表6-5　AIの4Dサイクル

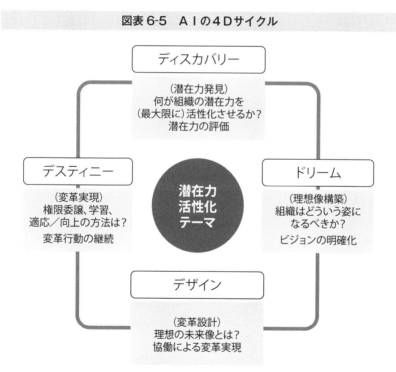

出所：クーパーライダー＝ウィットニー（2005）訳書 P.48

図表6-6　AIの4DサイクルとAIサミット

日　程	4Dサイクルの重点	活動内容
第一日目： ディスカバリー （潜在力発見）	体系的に、あるいはシステム全体を対象にポジティブ・コア（潜在力の中心的要素）を探し求める	・AIインタビューを実施する ・インタビュー結果を検討する
第二日目： ドリーム （理想像構築）	潜在力が最大限に引きだされ、組織が最大限の社会貢献を行っている理想像を作り上げる	・インタビューで明らかになった組織の理想像（ドリーム）を共有する ・組織が劇的に変貌し、理想とする状態が実現したところを想像し、これを具体的に表現する
第三日目： デザイン （変革設計）	戦略、プロセス、システム、意思決定、協業といった、ポジティブ・コアに沿った潜在力の活性化をあらゆる側面から実現するための行動計画を策定する	・ポジティブ・コアを盛り込む形での、大胆な行動計画（組織変革設計）を作り上げる
第四日目： デスティニー （変革実現）	三日目までのAIサミットに触発された行動をうながす	・メンバー全員に対して具体的行動を宣言し、支援を要求する ・ボランティアのグループにより、次の段階の計画を練る

出所：クーパーライダー＝ウィットニー（2005）訳書 P.95

❸ OST

Open Space Technology(オープン・スペース・テクノロジー)を略して、OST（オー・エス・ティー）という。OSTは1985年にハリソン・オーウェンによって提唱されたワークショップの手法である。その流れは図表6-7のようになる。

OSTでは、ある重要なテーマについて関係者を一堂に集め、関係者か

図表6-7　OSTの流れ

オープニング	参加者全員が円になって座る。 会合の目的、スケジュール、OSTについて説明する。
検討テーマの提案	参加者が検討したい課題を提案する（壁に掲示）。
マーケットプレイス	他の参加者は、壁に掲示された課題の中から自分が参加したいものを選ぶ。
分科会	提案者が分科会を運営し、話し合った内容を議事録にまとめる。
プロジェクトの提案	分科会の話し合いをふまえて、今後仲間とともに取り組みたいプロジェクトを思いついた人は、それを提案する。提案されたプロジェクトを、参加者全員によって投票し、優先順位をつける。
実行チームの編成	提案されたプロジェクトに参加したい人が自主的に集まり、実行チームをつくる。
クロージング	開始時と同じように円になって座り、参加者一人ひとりが感想を述べる。

出所：香取＝大川（2011）P.150-155 をもとに作成

ら自主的に提案された課題を話し合う分科会に自由に参加し、意見交換してもらう。その内容を議事録としてまとめて全員で共有し、それをもとに参加者の中から今後取り組みたいプロジェクトが提案される。そしてプロジェクトの賛同者が自主的に集まって実行チームを立ち上げ、その後も活動を継続することを約束する。

参加人数は、会場のスペースが許す限り何人でもかまわない。香取と大

川（2011）によれば、2000人以上での実施例がある。

OSTでは、一人ひとりに自由な意思が認められると同時に責任がある。各人は参加したい分科会やプロジェクトを自由に選択する権利があり、自分が期待した内容と異なる場合は遠慮なく席を立ち、別の会合に参加することが奨励される。また参加した会合では、個々人は自発的に貢献しなければならない。

❹ ワールド・カフェ

1995年1月、ブラウンとアイザックスが自宅で偶発的・創造的に行ったミーティングがワールド・カフェ（以下、WC）の始まりである（ブラウン＝アイザックス他2005）。そのためというか、構造やプロセスがシンプルで実施しやすい。企業内研修でのグループ討議で取り入れると、参加者から「結構盛り上がって面白かった」といった好意的な感想が多い。また、これまでの社内会議は緊張感が強かったが、WCではリラックスして自由に話し合えたという評価が多い。

WCは、3時間程度で終わる。標準的な進め方は図表6-8のようになる。

図表6-8 標準的なワールド・カフェのスケジュール

1. テーマに関する情報提供
2. ファシリテーターがWCについて説明する
3. WCの実施　3ラウンド（以上）
   第1ラウンド（20〜30分）：テーマについての話し合い。
   第2ラウンド（20〜30分）：一人（ホスト）を残して他のメンバーは別のテーブルに行く。
   第3ラウンド（20〜30分）：元のテーブルに戻り、話し合いを深める。
4. 全体会議（20分）：話し合いの共有

1テーブル当たりの人数は4名±1名が適当である。テーブルの上に、テーブルクロスに見立てた模造紙を広げておく。模造紙はすべてのラウン

ドでメモとして使われる。

　WCは人数が多い場合の対話のメソッドであり、アイデアを「他花受粉」することによって集合知が発見され積み重なっていくことが大きなねらいである。他花受粉とは、ミツバチが花粉をつけて飛び回ると他の花が受粉するように、参加者がグループを移動することによって情報が共有化されアイデアが創出されることをいう。

　WCには、テーマについての情報交換、情報共有、気づき、アイデア創発、および関係づくりの機能はあるが、意思決定やチーム・ビルディング、アクションプラン作成といった収束および行動展開のプロセスは含まれていない。

　またフォローアップについてブラウンとアイザックス他は次のように述べている。

　「フォローアップの形は、多くの場合カフェがおこなわれる当日に決められます。しかし、運営上、どのような種類のフォローアップが必要になるかを事前に考えておくことは、コンテクストを設定するにあたって考慮すべき重要な要素です。なぜならば、フォローアップをどうするかによって、招待状の出し方やコンテクストの設定の仕方が影響を受けるからです」

　このようにフォローアップが具体的に構造化されていないと、「単なるイベント」「ガス抜き」という印象を参加者に与えてしまいかねない。ましてや組織開発のメソッドであることがあまり認識されていない現状は残念なことである。

5 ポジティブ/ホールシステム・アプローチ(PWSA)の課題

　組織開発の始祖とも呼ばれるレヴィンは、「よい理論ほど実際に役立つものはない」と述べた。ホールシステム・アプローチとポジティブ・アプローチは組織開発の新しいアプローチとして注目されており、両者には密接な

関係がある。大住（2011）は、「ポジティブ／ホールシステム・アプローチの特徴は、①主体性・自律性・創造性が発揮されること、②レイヤー（視座）をシステム全体に引き上げること」と述べている。ひるがえって、それはポジティブ／ホールシステム・アプローチ（以下、PWSA）の提唱者たちが抱いている 21 世紀型（ポストモダン）組織のビジョンであるといえるだろう。しかしながら組織のさまざまな現実に照らすと、PWSA は手法およびプロセスにおいてまだ改善の余地がある。また PWSA が診断型組織開発を否定し、対話型組織開発を肯定するという二項対立的であることに対しても疑問を持たざるを得ない。

PWSA は行政への市民参加において新しい可能性を広げつつある。日本でも「イマジンまつど」（松戸市）、「イマジンヨコハマ・プロジェクト」（横浜市）、「ほんまやフォーラム」（大阪市）などで成果をあげている。行政に市民の声やアイデアを取り入れたり、市民を巻き込んで課題を実現するための方法としてこれからも活用されることだろう。

一方、PWSA のメソッドが企業の組織開発において十分なメソッドといえるのか、また現在の組織にフィットできるかという観点からは、いくつかの課題が浮かび上がってくる。しかし、筆者は PWSA を否定する立場ではなく、これからの組織開発のベース・アプローチとして PWSA に期待している。したがって PWSA が優れて効果的な経営メソッドとして企業の現状とのブリッジをかけるための問題点、課題を提示しておきたい。

❶ PWSA や各メソッドの理念・理論の浸透

日本の場合、かつてはともかく、現在は組織開発を知らない人が多くなっている。またコンサルタントなどの専門家は、コーチング、ファシリテーション、フューチャーサーチ、AI といった組織開発メソッドの中で自分が専門とする具体的サービスを前面に出していることが多いようである。したがって、たとえばコーチングを個人として学習している人はコー

チ認定資格の取得をめざしているという認識であり、導入者（企業）においても組織開発のレバレッジ（梃子）としてコーチングを利用しつつトータル・システム・アプローチによって戦略的に組織開発に取り組もうという発想が弱いようである。

PWSAにはベースとなる人間観、組織観、社会観などの理念があり、フューチャーサーチやAIなどのメソッドにはそれぞれ根拠理論がある。これらは社会科学としての研究から生まれたものであり、特に組織開発を前提にしたアプローチや理論であることを理解し、実践適用することが必要である。また、フューチャーサーチのように2.5日間のミーティングとして内容が構造化されているものでは、「熟成の時間」として「睡眠を2回とる」ことが重要であり、会社の都合で1回の睡眠しかとらないで企画・実施することは効果性においても避けるべきだろう。

❷ 現行の経営システムとの競合

経営ビジョン、経営戦略、経営計画の策定などは経営領域に関するものであり、これまで経営者、取締役会、経営企画スタッフが中心的に担うべきものであった。ところがPWSAのメソッドによって、各部署・階層の関係者全員が集まって経営の重要事項を決定するような印象を与えてしまうと経営システムの混乱が生じる。またPWSAを提唱する人々は21世紀型組織のあり方を前提にしているように筆者は感じるが、そのイメージは具体的ではなくコンセンサスもとれていない。

全員経営を標榜している企業であっても組織成員のすべてが対等であるわけではない。それぞれの立場・役割、権限・責任がある中で、特にロワー・レベルの成員に対しては与えられた仕事をこなすだけではなく目線を全体レベルに引き上げ、自律性と創造性を発揮してもらうことで経営上の重要課題を解決していこうとするのがPWSAである。したがって経営システムを当面は大きく変えないという前提で、全員経営を実現するため

にPWSAを導入・活用することが現実的だろう。

　なおOSTの場合、終了時に実行のためのプロジェクトが編成されて活動を開始するが、市民の自主的活動ならともかく、企業の場合は現行システムとの競合が問題になりやすい。それを見越したうえでの運用を準備段階で考えておかなければならない。日本では、かつて組織開発は人事部や研修部門が主管するという考え方が一般的であったが、今後は組織開発部を設置して社内調整を行わせるようにしたり、経営企画部門にPWSAを活用する役割を持たせたりすることもよいのではないだろうか。

❸ イベント終了後のフォロー

　PWSAは、組織成員全員の主体性、自律性、創造性の発揮を大いに期待している。それは理念としては正しいが、理念にしばられすぎて現実から乖離してしまうことは避けなければならない。かつて行われたグリッド方式の組織開発は、まず管理者に5日間の研修をしたうえで、実施については主に管理者にゆだねようとした。しかし組織開発はかなり長い期間を要するものであり、その間には人事異動や組織変更などさまざまな支障が発生する。該当者を研修し成果の達成を本人にゆだねるやり方は一般研修などでも多数見られるが、このようなやり方は「丸投げ」といえなくもない。PWSAにおいても、フォローやコントロールのシステムをきちんと組み込んでおかなければ単なるイベントで終わってしまうだろう。

　PWSAの各メソッドは、イベント終了後に関しては十分に構造化されていないといわざるを得ない。今後は、従来からの組織開発プロセスを利用しながら、実践経験をふまえてノウハウを蓄積していくことが必要だろう。

❹ 調査フェーズの必要性

　PWSAでは、「調査」はその設計段階から特定の仮説にもとづいて行っ

ているので、社会構成主義の「リアリティは1つではない」という立場からは行う意味がないと考えている。また、調査票の設計、調査の実施、分析・資料作成という調査フェーズは時間がかかるため、関係者が集まって対話すれば2～3日で合意が得られるから、そのほうが早いとしている。

しかし、ポジティブ・アプローチは組織の強みを活用して新しい可能性を追求しようというものであるが、ミーティングで関係者が話し合えば「強み」が明確になるというのは短絡的ではなかろうか。たとえばマーケティングで活用されることが多いSWOT分析を行うためには、経営環境、市場環境、競合他社情報、社内情報など幅広く正確なデータを調査・収集することが必要であり、かつ分析には時間がかかる。調査の設計とデータを分析・解釈する場合に「リアリティは1つではない」という視点を持って行うことは大切であるが、調査そのものを必要がないと断定することには疑問がある。スピードは重要であるが、調査フェーズを省略して2～3日で重要事項を合意・決定することが常に可能なのだろうか。

先述したように組織開発を診断型・対話型として診断フェーズの有無で区別するということになれば、むしろ対話型の弱点を強調することになりかねないのではないか。対話型はイベント中心のメソッドで、その後の長期にわたる組織開発プロセスにおける診断の機能・効果を軽視しているといわざるを得ない。組織開発には長期的な構造設計が必要であり、事業および業務的成果をあげることを通して組織文化を変革するプロセスの基本となるアクション・リサーチのサイクルを無視するようなことがあってはならないだろう。

❺ トータル・システム・アプローチとの連動

PWSAによって組織開発に新たな可能性を持った方向性が生まれた。ただし、ホールシステム・アプローチとトータル・システム・アプローチは異なるものである。前者は、重要テーマに取り組むときに関係者が一堂

に集合して対話するものであり、後者はシステム全体の整合性をはかりながら組織開発を進めていこうというものである。

PWSAのメソッドだけに限らないが、単一的なメソッドは組織開発のレバレッジにはなっても、それだけではうまくはいかない。むしろ、あるメソッドが効果をあげ始めると、あるサブシステムに影響し改善が必要になる。さらに展開すると、さまざまなサブシステムの改善が必要になってくる。このようなダイナミクスが常態となるのが組織開発であることを織り込んでおくべきだろう。

❻ 単純なポジティブ主義とは区別する

これまでにもポジティブ発想、ポジティブ思考という言葉が流行したことがあった。しかし、単純なポジティブ主義は困りものである。現実は悩ましいものであり、思いどおりにいかない現実に目をつぶり逃げるような態度は健全とはいえないだろう。

PWSAは、ありたい姿（状態）を描いて、その姿を実現するために強みを活かして全員で取り組んでいこうという発想である。しかし、思考内容のネガティブさを否定するような進め方には無理があるように思う。ありたい姿を描くのは、現実に大きな問題がいくつも横たわっているからこそであり、それらを解決することは簡単なことではないのである。その点、フューチャーサーチでは「ジェットコースターに乗る」といわれるように、いったん現実に「絶望」し、しかしそれは自分たちが引き起こした状況であることを素直に認め、その後「希望」を見出し、行動を起こすプロセスを組み込んでいる。

また、限られた時間で対話を行っても、互いに信頼し合い、今後協力して取り組んでいけるような関係をつくることは難しい。したがってPWSAのメソッドを導入したからといって、すぐに変化が起こり、成果があがっていくものではないということを織り込んでおきたい。

第2節
ネットワークによる草の根的組織開発手法

1 実践コミュニティ

❶ 実践コミュニティの機能

　組織開発と学習とは表裏一体の関係にある。個人と組織が常に学び続ける状態をつくり出すことは組織開発そのものにつながる。レイヴとウェンガー（1991）が提唱した実践コミュニティ（communities of practice）は、個人や組織が自発的に学習する共同体として注目されている。実践コミュニティが組織内で草の根的に展開されれば、組織開発のベース・ツールとしてきわめて有効に機能するだろう。

　実践コミュニティとは「あるテーマに関する関心や問題、熱意などを共有し、その分野の知識や技能を、持続的な相互交流を通じて深めていく人々の集団」（ウェンガー＝マクダーモット＝シュナイダー 2002）であり、企業の場合では簡潔にいうと「社員が自発的に集まり、知識を高め合うコミュニティ（共同体）」のことである。

　実践コミュニティは知識社会の鍵となる組織形態とも認識されてきているが、原組織は古代ローマの職人組合や中世のギルドなどのように古来より存在していた。また日本企業でも、社内の有志が自発的に集まって勉強会を開催し、さまざまな交流を通して新人や若手はベテランからいろいろなことを教わり、また相談に乗ってもらうようなインフォーマルな集団が身近に存在していた。実践コミュニティは後述する「状況に埋め込まれた学習」という概念や「正統的周辺参加」という学習理論にもとづき、知識

や技能を相互交流を通じて深めるための仕組みをもとにビジネス戦略上の重要な機能を持たせようとするものであり、組織学習の面から組織開発においても高い有効性を持つものといえる。

❷ 実践コミュニティとナレッジ・マネジメント

　実践コミュニティが注目された理由の1つに、多くの企業が取り組んだナレッジ・マネジメントがあった。知識社会では、いうまでもなく知識（ナレッジ）が経営資源として最優先される。したがって企業がナレッジ・マネジメントに戦略的に取り組むことは当然のことであった。多くの企業は、まず情報システムの構築を行ったが、情報システムに多大な投資をしたわりには実際にはあまり成果があがらなかった。野村（2002）は、「欧米のナレッジ・マネジメント先進企業は、情報や知識そのものを管理するのではなく、知識を維持・向上するための実践コミュニティの育成を徹底的に行っていたのだ。（中略）ナレッジ・マネジメントは情報を集めることではない。人と人をつなぐことだ」という。

　また野村によれば、コミュニティとは、日本人は「生まれながらの地縁」と考えるのに対し、米国人は「自ら選んで参加するボランティア活動」のような発想を持っているという。重要なことは、「コミュニティの良さを意図的に組織に持ち込む」ことで、そうすれば「人は命令しなくても自発的に参画し、上下関係ではなく知識の貢献度に応じてリーダーシップを発揮するようになる」。また「実践コミュニティが根付いた企業では、一人の社員が複数のコミュニティに所属することは珍しくなく、その時間配分はすべて個人のバランス感覚にゆだねられている」。

　ウェンガーとマクダーモットとシュナイダー（2002）は、実践コミュニティの活動事例組織として、スリーエム、マッキンゼー、ゼロックス、シェル石油、クライスラー（テック・クラブ）、世界銀行、P&G、IBM（知的資本グループ）などをあげている。

最近の日本企業を見ると、若手・中堅社員の期待像として「自ら考え、行動する社員」を掲げている企業が散見されるが、人材育成面でも実践コミュニティは1つの解を提供するといえよう。もちろん効果的なナレッジ・マネジメントとして企業の競争力を高め、企業業績に貢献する成果を生み出すことだろう。しかし、単純に導入すればよいというものではなく、組織開発としてトータル・システム・アプローチで取り組むことが必要である。

2 正統的周辺参加

正統的周辺参加（legitimate peripheral participation）は、レイヴとウェンガー（1991）の「状況に埋め込まれた学習（situated learning）」という概念とともに広く知られるようになった。成人の学習は社会的であり、共同体内での相互作用は実践的知識（実践知）の習得ばかりではなく人格的変容にも影響を与えている。したがって共同体に参加することによってさまざまな学習が行われるというのが、「状況に埋め込まれた学習」のいわんとすることである。

組織の一員になると上司や先輩からOJTやコーチングを受けるが、それだけで一人前になることはない。熟達者や中堅者、同僚などからもさまざまなことを学ばなければならないが、まずそれらの人たち（共同体）に迎え入れられることがスタート・ラインとなる。正統的周辺参加とは、新入りであっても、その共同体の正規メンバーであるので「正統的（legitimate）」であり、最初は周辺的な位置から共同体に参加するため「周辺参加（peripheral participation）」という。なお、成長し共同体の中心的役割を果たすようになることを「十全参加（full participation）」という。

また、実践コミュニティや正統的周辺参加は、組織能力の強化だけでなく共同体メンバー一人ひとりのモチベーションにも大きな影響を与える。

金銭的報酬は与えられないことがあっても、マズローの欲求五段階説でいえば所属欲求、承認欲求、自己実現欲求を満足させることが可能だろう。

3 「場」と「コミュニティ」の相互補完性

　野中（2002）は、組織的知識創造理論における「場」と「コミュニティ」の相互補完性を指摘している。野中は、後者にあたる実践コミュニティは「専門知識を共有するために自発的に集まった集団、学習のネットワーク」であり、場は「相互作用を通じて他者と文脈を共有し、その文脈を変化させることにより意味を創出する時空間」であると区別する。そして実践コミュニティを活性化するためには「よい場」をつくること、場を活性化するためには「よい実践コミュニティ（よいネットワーク）」が必要であるという。また野中は「よい場」の条件として、図表6-9に示した4つの事柄をあげている。

　一般的に、私たちは組織図をもって組織と考えている。しかし、意思決定の権限やルートは組織図によって理解しやすいが、実質的には業務の遂行や問題解決の活動は複雑で困難になるほど部門をまたがった担当者（関係者）のネットワークで行われるものであり、その質をよくするのも悪くするのも場の状況に左右されるといえるだろう。知識社会ではエンパワーメントされた人々が状況に応じて迅速かつ柔軟に対応することが求められるようになるとすれば、もはや組織図にこだわることはほとんど意味をなさなくなる。かつての小集団活動やQCサークルのうち機能横断的に行われたものと比べれば、従的活動が今後は中核的活動になるという意味で「よいネットワーク」と「よい場」をつくることがますます重要になってくるだろう。

図表6-9 「よい場」の条件

1. **主体的意志と能力を持つ人で構成される、自己組織化された時空間**
   よい場は自由があるとともに規律があり、自律的に自己組織化された時空間である。参加が自主的で、知識の貢献に応じたリーダーシップが生まれる。

2. **開かれた境界と関係性**
   場には境界があるが、閉鎖的ではなく外部からの浸透を受け入れる寛容さが必要である。文脈を安定的に共有するのではなく、異なる文脈との間で起きる矛盾を受け入れなければならない。

3. **多様な背景、視点を持つ人との「弁証法的」対話**
   弁証法の本質は対話的思考である。したがって対立を前提にしている。対立を乗り越えて相互に理解しあうためには、その人が持つ根源的な生き方など、より深い部分での文脈の共有が必要である（すなわち「思い」の共有）。弁証法的対話ができるコミュニティやチームには、訓練されたファシリテーターが必要になる。

4. **自己超越性**
   よい場では、参加者は自己の限られた視点や境界を超越する。自己超越性が高い場には、3つの役割が必要である。
   - アイデア・ジェネレーター：さまざまな文脈を共有する中から新しいアイデアの芽を提供する役割
   - コーチ：アイデア・ジェネレーターに異なる視点と専門性を提供し、アイデアの芽を概念や仕様に育てていく役割
   - アクティビスト：アイデアがある程度育った時点で、さらに一段高い視点から評価・翻訳し、組織内外に正当化させていくステーツマンとしての役割

出所：野中（2002）P.337-340 を要約

4 リフレクション・ラウンドテーブル

❶ ミドル・マネジャーの正しい育て方

現在の企業では、いわゆる組織のフラット化や人員削減が進み、またコストカットなどを理由にミドル・マネジャーが少なくなった。もしくは実態はプレイング・マネジャーで、トップ・マネジメントと現場の連結という本来の役割を遂行できない「名ばかりミドル」が増えてしまった。この

ような状況を批判し、ミドル・マネジャーの役割の重要性を唱えているのがヘンリー・ミンツバーグ（1939生 -）である。

ミンツバーグは日本での知名度は比較的低いが、ピーター・ドラッカー（1909生 -2005没）と並び称されるほどの経営学者（ただしドラッカーは、自己を社会生態学者と称した）である。ミンツバーグは優れた洞察力で、合理的・論理的であることを最優先する現代的経営を槍玉にあげている。たとえばミンツバーグ（1996）は、「合理的（lean）とはケチ（mean）という意味である。長い目で見ると、合理化を進めても利益を上昇させることすらできない」「従来型のMBAプログラムを廃止すべき時が訪れた（MBAが会社を滅ぼす）」「組織に必要なのは、たゆまぬ心配りであって、余計な治療ではない」などと主張する。また、主要著書である『人間感覚のマネジメント（邦題）』（原書1989）では、管理機能を「計画、組織化、指揮・指令、調整、統制」の各過程に分けて考察する管理過程論を、現実にはそのような管理プロセスにしたがってマネジャーが役割を遂行しているわけではないと批判している。

またミンツバーグはカナダのマギル大学教授としてMBA教育にたずさわってきたが、マネジャーは現場と学校の「境界」で育てるべきだとの結論に至った。実践的なマネジメントは合理性にこだわりすぎることなく、非合理的な経験や直感も重視すべきであるというのだ。すなわち「現実が合理と非合理を合わせ持つものであることを忘れ、理解の容易な要素だけを重視する。そして、理解の困難な要素を取り入れるための方策に対して顔を背けたのでは、現実との間に乖離が生じ、理論上の組織に限界が訪れるのは、当然のことだ」（ミンツバーグ2004）という。

なお、私たちは合理的でないものを非合理または不合理として両者を混同しがちであるが、前田（1997）は「非合理という言葉は、『知性（悟性または理性）をもって細かくできないこと』や『論理の法則に当てはまらないもの、情緒的なもの、超理性的なもの、反理性的なもの』を意味しており、

『合理的にはとらえきれない』ものではあるが、不合理なものを意味してはいないものである」という。

そして、母親の再婚相手であるミンツバーグの助力を得たフィル・レニールが創始したのが「コーチング・アワセルブズ（coaching ourselves）」であり、日本では「リフレクション・ラウンドテーブル（reflection roundtable）」という名称で実践されている。

❷ リフレクション・ラウンドテーブルとは

リフレクション・ラウンドテーブルとは、マネジャーがコミュニティをつくり、定期的に集まって「ラウンドテーブル（円卓）」形式で対等の立場

図表 6-10　リフレクション・ラウンドテーブル

5つの思想
- 深い学びは、自分の経験を内省することから生まれる
- 異なる視点を持つ人との対話は内省を深め、コミュニティ形成に貢献する
- 優れた理論と質の良い教材は、軸のぶれない学びを生み出す
- 自発的な意志が、自然で大きな行動変容を生み出す
- 内省と対話には習慣化が必要で、コミュニティ醸成には時間を要する

毎回のセッション構成
①マネジメント・ハプニングス（15分）
　直近の1週間のマネジメント上の出来事を自由に語り合う。話題の選択は当人の自由である。
②トピックにもとづく内省と対話（55分）
　その都度与えられるテーマについて自分の経験を内省し、意味づけした内容を互いに交流する。
③まとめ（5分）
　最後に、今日のセッションでの気づきを各自が整理し、実践してみようと思うことを書き出して終了となる。

※1回75分のセッションを毎週1回、開催する。現役のマネジャーが10～12人ほど集い、輪になって対話を重ねる。参加者は固定で、半年から1年（回数にして20～30回）続けるケースが多い。

出所：レニール＝重光（2011）P.133-135をもとに作成

で意見交換しながら「リフレクション（振り返り、内省、省察）」を行う「経験学習」である（詳細は図表6-10参照）。レニールと重光（2011）は、マネジャー教育は「境界」で行うべきであり、リフレクションでは「内省と優れた理論を掛け合わせること」が重要であるという。

　なお、コーディネーターなしでマネジャーのみで自主的に行う場合では、適切なリフレクション（内省と優れた理論の掛け合わせ）につながらない可能性が高いことに留意する必要がある。

第3節
アクション・ラーニング

1 アクション・ラーニングとは

❶ アクション・ラーニングの定義

アクション・ラーニング（action learning：以下 AL）は、ケンブリッジ大学の教授であったレグ・レヴァンス（1907生 -2003没）が第2次世界大戦中にイギリスの炭鉱産業で適用したものを原型とし、その後手法が練り上げられてきた。

マーコード（2004）によれば、AL とは「実務を通じたリーダー育成、チーム・ビルディング、組織開発を効果的におこなう問題解決手法」であり、「小グループが現実の問題を解決するなかで行動し、個人、グループ、組織が学習するプロセス」である。また、日本アクションラーニング協会の定義は、「グループで現実の問題に対処し、その解決策を立案・実施していく過程で生じる、実際の行動とそのリフレクション（振り返り）を通じて、個人、そしてグループ・組織の学習する力を養成するチーム学習法」（http://www.jial.or.jp/）である。

❷ 小集団活動・QC サークルとの違い

AL と類似したものに小集団活動や QC サークルがある。これらは生産性向上や品質管理をはかりながら従業員の経営参加を促進する方法であり、現実の問題（特に事業や業務上の問題）を解決しようとする点で AL と共通するが、小集団活動・QC サークルは「従業員の経営参加」を、AL は「学習」を強調している点が特徴的である。また AL の場合、新製品開発、新

サービスの提供、コスト削減、生産効率化、顧客開拓、サービスの質の改善など経営的重要課題を扱うことを期待する傾向がある。そして小集団活動やQCサークルがかつて組織開発メソッドとして盛んに行われたように、ALもこれからの組織開発メソッドとして有望であるが、海外の企業や政府などでの導入例が多いわりには日本での導入例は少ない。

2 マーコードモデル

ALを基本的に構成する要素は、問題、グループ、質問・振り返り、コーチ、行動、学習の6つであり、これらの要素を構造化したものをマーコードモデル（図表6-11）という。

マーコードモデルの各構成要素のポイントは以下のとおりである（マー

図表6-11　アクションラーニング〈マーコードモデル〉　6つの構成要素

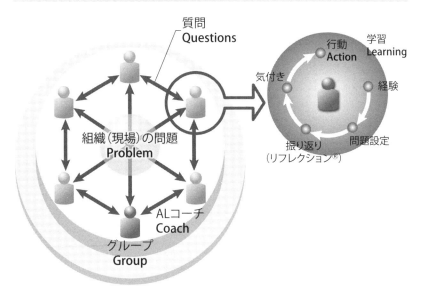

出所：日本アクションラーニング協会 HP http://www.jial.or.jp/

コード 1999、2004 をもとにまとめた)。

①**問題**

ALは、必ず問題の周辺で行われなければならない。問題解決を通してのみALが成立する。また、問題は重要かつ緊急度が高いものとし、グループに解決の責任を持たせる必要がある。

②**グループ**

ALの核となるもので、通常、4～8人で構成される。解決にあたっては斬新な見方・考え方が鍵となるため、メンバーのバックグラウンドは多様であることが望ましい。

③**質問・振り返り**

一般的な問題解決の会議では参加者が討議して解決策を検討するが、ALでは参加者に意見を述べさせるのではなく質問と振り返り（リフレクション）を求める。適切な質問（何を知っているかではなく、何を知らないか）によって問題の本質に迫ることができる。効果的な解決策は、省察的な質問によって生み出される。また省察的な質問は、対話（ダイアログ）と結束を生み出し、革新的なシステム思考を促し、学習成果を向上させる。

④**コーチ**

学習を促し、問題をできるだけ早く解決するためには、グループの指導役であるALコーチの存在が重要である。ALコーチは、何を学習し、どのようにして問題を解決するかをメンバーに考えさせる。質問を通して各メンバーに、その質問をどのように理解したか、問題をどう再定義するか、フィードバックをお互いどう考えるか、どのような行動計画を立てて実行するか、どのような前提がメンバーの信念や行動に影響を及ぼしているかについて考えさせる。また、メンバーが達成しようとしている目標は何か、どんな困難に直面しているのか、メンバーが選択したプロセスは何か、実行にあたってのプロセスは何かに焦点をあてさせる

（ファシリテーターとALコーチの役割の違いについては、図表6-12参照）。

図表6-12 ファシリテーターとALコーチの役割の違い

ファシリテーター	ALコーチ
グループ・プロセスに焦点をあてる ・グループの規範 ・意思決定 ・コミュニケーションとフィードバック	学習とメンバーの能力向上に焦点をあてる ・行動と成果 ・学習を認識させる
意見や考えを述べる	省察的な質問をする
起きたことそのものに注目する ・望ましい成果に焦点を合わせる	「なぜ」「どうして」起きたかに注目する ・意図と行動を一致させる
依存志向	独立志向
シングル・ループ学習	ダブル・ループ学習とトリプル・ループ学習 ・学習したことをビジネスに関連づける ・学習スキルを身につける
過去と現在に注目する	現在と未来に注目する
畏怖や脅しに基づく関係を築く	心地よさや信頼関係を築く
「何」を強調する	「なぜ」を強調する
反応を引き起こす	リフレクションを促す
専門家に頼る	メンバーの考えに頼る
明晰さに価値を置く	賢明さに価値を置く
メンバーに回答を提供する	メンバーの質問と洞察を導き出す
他の人の考えに依存する	クリティカル思考を重んじる
メンバーはファシリテーターが望む姿に成長する	メンバーは自身が望む姿に成長する
信念と行動がバラバラ	信念を行動に沿わせる

出所：マーコード（2004）訳書 P.172

⑤行動

問題解決のための行動を起こす。グループの権限が解決策の提案だけに限られていると、メンバーは問題解決への意欲や創造力、コミットメントを失う。行動し、その行動を検証（リフレクション）することによって意義のある学習ができる。

⑥学習

ALによる問題解決は直接的で短期的な利益をもたらすことはもちろんであるが、複合効果として、長期的視点にもとづく学習が個人だけではなくグループ全体で行われる。個人においては業務遂行能力だけでなく、リーダーシップが開発される。組織においてはシステム的な観点からの変革が促される。ALは短期的利益だけでなく、組織にとって大きな戦略的価値を生み出す。

3 アクション・ラーニングの最近の動向

マーコード（2009）によれば、これまでALグループでは単一の問題が扱われることが多かったが、近年は複数の問題が同時に扱われることが多くなってきた。具体的には、メンバーが30分ずつ時間を与えられ、それぞれが抱えている問題を発表し、他のメンバーがコーチングを行うピア（peer：「同僚」「同じ専門分野」の意）・コーチングと呼ばれる手法が活用され始めたという。この形式では、メンバー全員がALコーチとしてのトレーニングを受けていることが必要である。またマイクロソフト社では、"We only learn from Questions"をモットーに、ALサークルが設けられているという。

また清宮（2008）は、「質問会議がチーム脳を高める」ことを報告している。質問会議とは、ALにおける質問を行うセッションのことで、問題提示者に対する多数の質問とその回答というやりとりの中で、どれかの質問

（どういう質問かは誰も事前に知ることはできない）によって「チームとしての思考（チーム脳）」のスイッチが入り、思考が共鳴し始めるという。質問会議は、創造的問題解決のみでなく、チームづくりやチームの活性化のためにも効果的である。

第7章

全員経営と組織開発体制

第 1 節
全員経営をめざす

1 「全員経営」と「全員参加の経営」

 「参加」とは、「なかまになること。行事・会合・団体などに加わること」(『広辞苑』)であり、参加には自らが「仲間に加わる」こと、そして相手が自分を「仲間に加える」ことが必要である。そこには、「参加する（しない）」「参加させる（させない）」という選択段階がある。入社するときは「参加」であっても、入社した後、各人が経営に参加する（しない）、また会社が経営に参加させる（させない）と選択するのはおかしなことである。

 ミンツバーグ（1996）の経営思想は「組織には頂点も底辺もない」、そして「組織図は、企業にまつわる虚構の最たるもの」であるという。仕事は自職場内外の関係者とのネットワークを使い、場を共有しながら行うものであり、そのとき組織図はほとんど役に立たない。ミンツバーグが持つ組織のイメージは、図表7-1のようになるだろう。

 経営陣は円の中心に位置し、日常業務を行う人々は一番外側におり、ミドルが双方をつないでいる。法的な雇用者と被雇用者という概念にしばられないミンツバーグの組織では、立場や役割・機能は異なっても皆が一体となって（全員が当事者意識を持って）仕事に取り組まなければならない。全員経営とは、まさにそのようなものであるが、全員経営そのものは組織文化ではなく結果総体というべきものである。

 全員経営を可能とするためには、お互いを尊重し、尊敬し、信頼し、それに応えるためにめいめいが努力する組織文化をつくり維持していくことが必要である。またそれは、真っ先に結果を求めるやり方ではなく、活動

プロセスへの働きかけを主体にしたやり方でしか実現することはできないだろう。

図表 7-1　全員経営の組織モデル

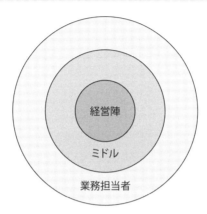

出所：ミンツバーグ（1996）訳書 P.100 を参考に作成

2 アメーバ経営

　第1章第1節で理想の会社としてあげた日本ゴア社、ザッポス社、セムコ社は全員経営の1つの形であるが、京セラ社の「アメーバ経営」についても全員経営の1つの形として触れておきたい。京セラ社の発展とアメーバ経営は表裏一体ともいえる。研究者は、アメーバ経営をミニ・プロフィットセンター、小集団部門別採算制度などと分類的名称をつけるが、本質はそこにはない。

　三矢（2003）はアメーバ経営のねらいについて、「稲盛和夫氏は創業時のパートナーシップの精神を保持しつづけられるよう、製造プロセスを通じて利益が生み出されるというコンセプトを浸透させ、利益と損失の源泉がはっきりと目に見えるような組織をつくろうとした。事業部制では中央集権的すぎるので、アメーバ経営を作り出したのである」と指摘している。

稲盛氏には「誰にでも経営はできる」という信念があり、やる気を引き出し思い切った挑戦ができるよう大幅に権限を委譲しようとしたのである。したがってアメーバ経営には創業者の哲学やビジョンが中核にあり、単純な経営手法ではないことを認識しておく必要がある。しかし大企業に成長し、設立から長い年月がたつと、創業の精神やアメーバ経営の魂を知らない社員が増えていく。そのため経営陣が中心になって、座談形式で若手社員に伝えていく努力がはらわれている。

　日本ゴア社、ザッポス社、セムコ社、そして京セラ社は全員経営の1つの形である。各社にはそれぞれの理念、歴史(経緯)、固有の条件などがあり、また多くの混乱や試練を乗り越え長い期間をかけて1つの形を創造したのであって、そのような会社に出かけていろいろ教えてもらったとしてもほとんど自社の役に立つことはないだろう。とはいえ事例から見えてくることは、全員経営の会社をつくることは不可能ではないということ、また、そうした会社をつくるにはリーダーが強い思いを抱いて独創的な仕組みをつくるとともに、たゆまぬ努力をはらわねばならないということである。

3 責任帰属

　「組織全体が一丸となって」という言葉をよく聞くが、実のところ非常に困難なことである。リーダーがいくら声を張り上げて危機を訴えても、反応閾値が高い組織成員はなかなか腰を上げないこともある。成員が変革に取り組もうとしないとき、その責任は誰にあるのだろうか。

　責任帰属を外部責任帰属と内部責任帰属に分けてみると、外部責任帰属の立場では「会社の置かれた状況に知らん振りしているヤツが悪い」として成員を非難することになる。一方、「自分の働きかけの方法に間違いや不十分なところがあったのではないか」と自己の責任ととらえるのが内部責任帰属の立場である。

組織開発は短期間で成果をあげることは難しい。しかも、リーダーが強力に率先垂範すればうまくいくというものでもない。さまざまな個人や組織を動かすためには内部責任帰属すなわち「自責」の観点から粘り強く取り組んでいくほかあるまい。そして、核心となる部分には確固としたリーダー哲学が必要である。それは、リーダー自身の思いから生まれるものであるが、決して自分本位のものではなく、自分がこれを行うことは組織や社会の役に立ち、たくさんの仲間の幸福にも貢献することができるという信念でもある。

第2節
組織開発の体制

1 ODプラクティショナーの位置づけ

　ODプラクティショナー（practitioner）とは、組織開発の実践者のことである。ODプラクティショナーとしては、社外の組織開発コンサルタント、ファシリテーションやコーチングなどのトレーニングを受けた社内専門家はもちろんのことだが、経営者やマネジャーもクライアントになる場合だけではなく、自らの役割において組織開発を行う場合はODプラクティショナーとなる。むしろ組織開発は組織活動プロセスへの働きかけを最も重視するので、リーダーやマネジャーの重要な役割の1つとして日常的マネジメントに組み込まれるべきものであり、その点であらゆる組織は多くのODプラクティショナーを必要としているといえる。

　かつて稲葉（1975）は「組織開発の担当者は、教育訓練の専門家としてではなく組織改革に責任を負うものとして、組織の全体的な機構や風土に、現在以上に重大な関心と理解と権限をもたなければならないのである」と指摘したが、いつの時代（場合）も組織開発を経営的にどう位置づけるかというテーマがある。かつてのように感受性訓練やチーム・ビルディングによって個人あるいはグループレベルを主な開発対象としている場合は、ODプラクティショナーは教育・訓練部門に所属することになるだろう。しかし組織開発が経営課題を達成するために組織全体を対象とするようになると、ODプラクティショナーは自らが保有するコーチングやファシリテーションといった限定的なテクニカル・スキルを提供するだけではすまなくなり、従来からの役割や体制を見直さなければならなくなってきた。

2 ODプラクティショナーに求められるスキル

ニールセン（1984）は、ODプラクティショナーに求められる重要なスキルとして、コンセプチュアル・スキル（conceptual skills）、対人関係スキル（interpersonal skills）、テクニカル・スキル（technical skills）、統合スキル（integrative skills）の4つをあげている（図表7-2）。

図表7-2　ODプラクティショナーに求められるスキル

スキルの分類	何をマネージするか	スキルの説明
コンセプチュアル・スキル	プロジェクトの内容	実用的な行動科学の知識を使い、クライアントの独自ニーズにこたえるプロジェクトをデザインし、納得を得る。
対人関係スキル	プロジェクトのプロセス	クライアントとODプラクティショナー、またはクライアント同士が相互に受容し、尊敬し、安心し、共感し、楽しく感じる状態をつくり、プロジェクトの進行を円滑にする。
テクニカル・スキル	プロジェクトの文脈	現場で何が必要か、何が改革的計画か、クライアントが真に求めるものを判断し、技法を選択、設計、実行する。
統合スキル	プロジェクト全体	現実のマネジメントをODプロジェクトのロジックに適応させるために全体を調整する。

出所：ニールセン（1984）P.78-89をもとに作成

　組織開発で利用可能なメソッドは数多くあり、一般的にメソッドそのものが注目される傾向があるが、その主な理由の1つは、組織開発を教育・研修によって行おうとすることからくるものだろう。しかし組織開発をプロジェクトとしてとらえるニールセンは、ODプラクティショナーに対し

て、行動科学の知見をふまえて適切にプロジェクトを設計し、クライアント側と良好なパートナー関係を築き、的確な道具（メソッド）を用いて、プロジェクト全体をコントロールし成功に導くことができるスキルを求めている。しかし、一人がすべてにおいて高度なスキルを身につけることは難しい。したがって役割分業や組織体制づくりの必要性が生まれる。

3 ODプラクティショナーの役割分業と組織体制

　組織開発を経営課題達成のために効果的に機能させようとすると、全社的・横断的にかかわり、かつトータル・システムを扱うことができる専門人材や組織が必要になる。また、それを支えることができる体制も整えなければならない。専門人材が社内から調達できない場合は外部調達も考えなければならないが、実際には外部調達が必要になることのほうが多いだろう。

　組織開発のプロジェクトにかかわる社内外の人々の役割分業として、オーナー、ODプロデューサー、ODコーディネーター、OD実行チームのリーダーおよびメンバー、シャドー・コンサルタント、ODブローカーがある（図表7-3）。

　かつて行われた全社的組織開発の場合、経営トップがオーナーとなり、外部の組織開発コンサルタントが実行者、その補助として事務局が置かれることが一般的であったが、それではパワーバランスがとりにくく、またオーナーや事務局とコンサルタントの間に疑心暗鬼が生じ、途中でプロジェクトが挫折することがあった。全社的組織開発を社内外の力を結集して行うためには、プロデューサー、コーディネーター、およびブローカー的な役割・機能が必要である。またシャドー・コンサルタントは、米国のコンサルティング・ノウハウの1つで、直接クライアントに接触して働く社内外のコンサルタントに対して助言・支援する人のことである。

図表7-3 OD分業体制

名称	役割・機能		社内外	
			内	外
オーナー	経営トップが務める。最高意思決定者。		○	
ODプロデューサー	オーナーを補佐し、ODプロジェクト全体を統括する。全社的・部門横断的展開に取り組む。		○	
ODコーディネーター	ODに関する知見が豊富で、自社に適応させるためのカスタマイズや実行全体のプランニングとフォローを行う。OD実行チームの編成についてODプロデューサーに助言する。どちらかというと外部コンサルタントが適する。			○
OD実行チーム	リーダー	プロジェクト実行チームのリーダー。	○	
	メンバー	プロジェクト実行チームの推進者。各人が専門スキルを提供する。	○	
	シャドー・コンサルタント	実行チームのメンバーに対し、主に技術的支援を行う。		○
ODブローカー	ODコーディネーターに協力し、外部資源を仲介する。			○

※社内外欄の○印は、その役割を担うのに適しているのは社内の者か、社外の者かを示す。

　組織開発の場合は、いわゆる請負型のコンサルティングのように外部コンサルタントがほとんどすべてを取り仕切りアウトプットを提供するものではなく、「クライアントによる、クライアント自身のための」活動であるから、社内のODプラクティショナーが前面に立つことが望ましい。そのときシャドー・コンサルタントの助言や技術的支援が重要となるだろう。また組織開発の場合、サービスを提供するODプラクティショナーとサービスを受けるクライアントとのパートナー的信頼関係をつくることが決め手となるので、そこに社内のODプラクティショナーを活用するメリットがある。

引用文献・参考文献

Abeggren, James C.1958, *The Japanese Factory : Aspects of Its Social Organization*, The Free Press『日本の経営〈新訳版〉』山岡洋一訳　日本経済新聞社 2004

Ansoff, H. Igor 1979, *Strategic Management*, Macmillan Publishers『(新訳)経営戦略論』中村元一監訳　中央経済社 2007

Argyris, Chris 1957, *Personality and Organization*, Harper & Brothers『組織とパーソナリティ』　伊吹山太郎・中村実訳　日本能率協会 1961

Argyris, Chris 1977, *Double Loop Learning in Organizations*, HBR, Sep.-Oct.『「ダブル・ループ学習」とは何か』　有賀裕子訳　DHBR 2007.4

Becker, Gary S. 1975, *Human Capital : A Theoretical and Empirical Analysis, with Special Reference to Education, National Bureau of Economic Research*, 2nd.ed.『人的資本－教育を中心とした理論的・経験的分析』　佐野陽子訳　東洋経済新報社 1976

Beckhard, Richard 1969, *Organization Development : strategies and models*, Addison-Wesley Publishing『組織づくりの戦略とモデル』　高橋達男・鈴木博訳　産業能率短期大学出版部 1972

Benner, Patricia 2001, *From Novice to Expert : Excellence and Power in Clinical Nursing Practice, commemorative Edition*, Prentice Hall『ベナー看護論新訳版－初心者から達人へ』　井部俊子監訳　医学書院 2005

Blake, Robert R. & Jane S. Mouton 1964, *The Managerial Grid*, Gulf Publishing『期待される管理者像』　上野一郎監訳 産業能率短期大学出版部 1965

Blake, Robert R. & Jane S. Mouton 1969, *Building a Dynamic Corporation : Through Grid Organization Development*, Addison-Wesley Publishing『組織風土を変えるグリッド方式による組織づくり』　高橋達男・広田寿亮訳　産業能率短期大学出版部 1972

Blake, Robert R. & Jane S. Mouton 1978, *The New Managerial Grid*, Gulf Publishing『新・期待される管理者像』　田中敏夫・小見山澄子訳　産業能率短期大学出版部 1979

Blanchard, Kenneth & Patricia Zigarmi & Drea Zigarmi 1985, *Leadership and the One Minute Manager*, William Morrow and Company『1分間リーダーシップ』　小林薫訳　ダイヤモンド社 1985

Brown, Juanita & David Isaacs & World Café Community 2005, *The World Café : Shaping Our Futures Through Conversations That Matter*, Berrett-Koehler『ワール

ド・カフェ－カフェ的会話が未来を創る』 香取一昭・川口大輔訳 ヒューマンバリュー 2007

Brehm, Jack W. 1966, *A Theory of Psychological Reactance*, Academic Press

Burchell, Michael & Jennifer Robin 2011, *The Great Workplace : How to Build It, and Why It Matters*, Jossey-Bass『最高の職場－いかに創り、いかに保つか、そして何が大切か』 伊藤健一・斉藤智文・中村艶子訳 ミネルヴァ書房 2012

Burke, W. Warner 1982, *Organization Development*, Little, Brown and Company『組織開発教科書』 小林薫監訳 吉田哲子訳 プレジデント社 1987

Cameron, Kim S. & Robert E. Quinn 1999, *Diagnosing and Changing Organizational Culture : Based on the Competing Value Framework*, Addison-Wesley『組織文化を変える：「競合価値観フレームワーク」技法』 中島豊監訳 ファーストプレス 2009

Campbell, John P. & Marvin D. Dunnette 1968, *Effectiveness of T Group Experiences in Managerial Training and Development*, Psychological Bulletin70 : 73-104

Chandler, Jr., Alfred D. 1962, *Strategy and Structure*, MIT Press『組織は戦略に従う』 有賀裕子訳 ダイヤモンド社 2004

Collins, James C. & Jerrey I. Porras 1996, *Building Your Company's Vision*, HBR Sep-Oct 1996 : 65-77

Cooperrider, David L. & Diana Whitney 2005, *Appreciative Inquiry*, Berrett-Koehler『AI「最高の瞬間」を引き出す組織開発』 本間正人監訳 市瀬博基訳 PHP研究所 2006

Cummings, Thomas G. & Christopher G. Worley 2008, *Organization Development & Change, 9th Edition*, South-Western Cengage Learning

Daft, Richard L. 2001, *Essentials of Organization Theory & Design 2nd Edition*, South-Western College Publishing『組織の経営学』 高木晴夫訳 ダイヤモンド社 2002

Davis, Stanley M. 1984, *Managing Corporate Culture*, Harper & Row『企業文化の変革－「社風」をどう管理するか』 河野豊弘・浜田幸雄訳 ダイヤモンド社 1985

Deal, Terrence E. & Allan A. Kennedy 1982, *Corporate Cultures*, Addison-Wesley『シンボリック・マネジャー』 城山三郎訳 新潮社 1983

Dreyfus, Hubert L. & Stuart E. Dreyfus 1986, *Mind Over Machine : The Power of Human Intuition and Expertise in the Era of the Computer*, The Free Press『純粋人工知能批判』 椋田直子訳 アスキー 1987

Drucker, Peter F. 1946, *Concept of the Corporation*, John Day Company『企業とは何

か－その社会的な使命』 上田惇生訳 ダイヤモンド社 2005

Drucker, Peter F. 2002, *Managing in the Next Society*『ネクスト・ソサエティ－歴史が見たことのない未来がはじまる』 上田惇生訳 ダイヤモンド社 2002

Ericsson, Anders K.(Ed.)1996, *The Road to Excellence*, Lawrence Erlbaum Associates

Fleishman, Edwin A. 1953, *Leadership Climate, Human Relations Training, and Supervisory Behavior*, Personnel Psychology 6 : 205

French, Wendell L. 1969, *Organization Development : Objectives, Assumptions, and Strategies*, California Management Review12(2): 23-34

Garvin, David A. 1993, *Building a Learning Organization*, HBR Jury1993『「学習する組織」の実践プロセス』 DHBR 2003 March : 102-117

Gladwell, Malcolm 2000, *The Tipping Point : How Little Things Can Make a Big Difference*,『ティッピング・ポイント：いかにして「小さな変化」が「大きな変化」を生み出すか』 高橋啓訳 飛鳥新社 2000

Haneberg, Lisa 2005, *Organization Development Basics*（ASTD TRAINING BASICS SERIES）,『組織開発の基本－組織を変革するための基本的理論と実践法の体系的ガイド』 川口大輔訳 ヒューマンバリュー2012

Herzberg, Frederick, et al. 1959, *The Motivation to Work*, John Wiley and sons『作業動機の心理学』 西川一廉訳 日本安全衛生協会 1966

長谷川英祐 2010『働かないアリに意義がある』 メディアファクトリー

Hersey, Paul & Kenneth H. Blanchard 1977, *Management of Organizational Behavior (Third ed.)*, Prentice-Hall『行動科学の展開』 山本成二・水野基・成田攻訳 日本生産性本部 1978

石塚しのぶ 2011『ザッポスの奇跡 改訂版』 廣済堂出版

伊丹敬之・加護野忠男 2003『ゼミナール経営学入門（第3版）』日本経済新聞社

稲葉元吉 1973『組織開発論（上）：その主要内容』 組織科学7(4)：4-13

稲葉元吉 1975『組織開発論（下）：その現状評価』 組織科学9(1)：69-81

稲葉元吉 1979『組織風土の刷新について』 エコノミア(63)：71-91

井上忠 2012『質的一流企業への挑戦』 ダイヤモンド社

今田高俊 1997『管理から支援へ－社会システムの構造転換をめざして』組織科学30(3)：

4-15

今田高俊 2001『人と組織を動かすエンパワーメントの本質』 DHBR 2001. 8：141-144

今田高俊 2003『自己組織化の条件』 DHBR 2003. 3：88-101

今田高俊 2005『自己組織性と社会』 東京大学出版会

今田高俊 2007『支援学（支援基礎論研究会編）』 東方出版：9-28

今田高俊 2008『グローバル時代の人的資源論第 4 章』 東京大学出版会

今田高俊 2010『組織活性化の条件－人と組織のエンパワーメント』 経営行動科学 23(1)：67-78

Jones, Brenda B. & Michael Brazzel(Editors) 2006, *The Handbook of Organization Development and Change,* Pfeiffer

加護野忠男 1982『組織文化の測定』 国民経済雑誌 146(2)：82-98

加護野忠男・野中郁次郎・榊原清則・奥村昭博 1983『日米企業の経営比較』 日本経済新聞社

加護野忠男 1983『文化進化のプロセス・モデルと組織理論』 組織科学 17(3)：2-15

加護野忠男 1993『組織文化の測定とタイポトロジー（リストラクチャリングと組織文化第 3 章）』 白桃書房

角野信夫 1994『現代組織論研究（3）－組織開発論の系譜と人的資源管理論』 神戸学院経済学論集 26(1)：65-106

香取一昭・大川恒 2011『ホールシステム・アプローチ－1000 人以上でもトコトン話し合える方法』 日本経済新聞出版社

金井壽宏 2010『組織エスノグラフィー』 第 1 章 有斐閣

金井壽宏 2011『季刊ビジネス・インサイト』 NO.75：67

金井壽宏 2012『組織開発におけるホールシステム・アプローチの理論的基礎と実践的含意』 国民経済雑誌 206(5):1-32

亀田速穂 1987『組織開発と組織変革』 経営研究（大阪市立大学経営研究会 1987.1）：89-105

Katz, Robert L. 1955, *Skills of an effective administrator,* HBR33(1)

Kauffman, Stuart 1995, *At Home in the Universe : the Search for Laws of Self-*

organization and Complexity, Oxford University Press『自己組織化と進化の論理：宇宙を貫く複雑系の法則』 米沢富美子監訳 日本経済出版社 1999

菊野一雄 2009『「労働の人間化（QWL）運動」再考－その歴史的位置と意味の再検討－』三田商学研究 51(6)：13-24

菊野一雄 2010『新しい労働の人間化（ネオQWL）運動としての「ディーセントワークの理念」の歴史的位置と意味』 跡見学園女子大学マネジメント学部紀要第9号：25-34

Kim, W. Chan & Renee Mauborgne 2003, *Tipping Point Leadership,* HBR 2003.4『NY市警の改革者に学ぶティッピング・ポイント・リーダーシップ』 松本直子訳 DHBR 2003.12

Kim, Daniel H. 2001, *Organizing for Learning : Strategies for Knowledge Creation and Enduring Change,* Pegasus Communications

北居明 2012『組織文化の定量的研究－マルチレベル・アプローチ』 大阪府立大学経済研究叢書

Kolb, David & Alan Frohman 1970, *An Organization Development Approach to Consulting,* Sloan Management Review 12(1)：51-65

Kolb, David 1984, *Experiential Learning : Experience as the Source of Learning and Development,* Prentice Hall

Kono, Toyohiro & Stewart R. Clegg 1998, *Transformations of Corporate Culture : Experiences of Japanese Enterprises,* Walter de Gruyter『経営戦略と企業文化－企業文化の活性化』 吉村典久・北居明・出口将人・松岡久美訳 白桃書房 1999

Kotter, John P. & James L. Heskett 1992, *Corporate Culture and Performance,* The Free Press『企業文化が高業績を生む』 梅津祐良訳 ダイヤモンド社 1994

Lave, Jean & Etienne Wenger 1991, *Situated Learning : Legitimate Peripheral Participation,* Cambridge University Press『状況に埋め込まれた学習－正統的周辺参加』 佐伯胖訳 産業図書 1993

Lawrence, Paul R. & Jay W. Lorsch 1967, *Organization and Environment : Managing Differentiation and Integration,* Harvard Graduate School of Business Administration『組織の条件適応理論』 吉田博訳 産業能率短期大学出版部 1977

Lewin, Kurt 1958, *Group Decision and Social Change* In *Readings in Social Psychology,* ed. E. E. Maccoby, T. M. Newcomb, and E.L.Hartley：197-211, Holt, Rinehart and Winston

Likert, Rensis 1967, *The Human Organization : Its Management and Value*, McGraw-Hill『組織の行動科学：ヒューマン・オーガニゼーションの管理と価値』 三隅二不二訳 ダイヤモンド社 1968

前田東岐 1997『ミンツバーグの非合理主義的組織論に関する考察－その特質と個人の自立化の問題を巡って』 立命館経営学 35(6):127-151

Marquardt, Michael J. 1999, *Action Learning in Action*, Davies-Black Publishing『アクションラーニング研修マニュアル』 アクションラーニング研究会訳 日本能率協会マネジメントセンター 2001

Marquardt, Michael J. 2004, *Optimizing the Power of Action Learning*, Davies-Black Publishing『実践アクションラーニング入門』 清宮普美代・堀本麻由子訳 ダイヤモンド社 2004

Marquardt, Michael J. 2009,『講演録「アクションラーニングの最新トレンド」』人材教育 2009 年 2 月号：106-109

Marrow, Alfred J. 1969, *The Practical Theorist-The Life and Work of Kurt Lewin*, Basic Books『クルト・レヴィン－その生涯と業績』 望月衛・宇津木保訳 誠信書房 1972

Marshak, Robert J. 2005, *Contemporary Challenges to the Philosophy and Practice of Organization Development, in David L. Bradford & W. Warner Burke (Eds.) Reinventing Organization Development : New Approaches to Change in Organizations, p.19-42*, Pfeiffer

Marshak, Robert J. 2006, *The NTL Handbook of Organization Development and Change : 13-27*, Pfeiffer

Marshak, Robert J. 2012『講演録：組織開発(OD)とは何か』 溝口良子訳・中村和彦校正 人間関係研究第 11 号：153-172

米谷淳 2012『行動科学への招待（改訂版）』 序章 福村出版社

Maslow, Abraham H. 1970, *Motivation and Personality (Second Edition)*, Harper & Row『(改訂新版) 人間性の心理学』 小口忠彦訳 産業能率大学出版部 1987

松尾睦 1994『組織風土・文化研究の概要と今後の展望』 岡山商大論叢 30(2)：235-258

松尾睦 2006『経験からの学習－プロフェッショナルへの成長プロセス』 同文舘出版

松尾睦 2009『学習する病院組織－患者志向の構造化とリーダーシップ』 同文舘出版

McGregor, Douglas 1960, *The Human Side of Enterprise*, McGraw-Hill『企業の人間的

側面』 高橋達男訳 産業能率大学出版部 1966

Miles, Raymond E. & Charles C. Snow 1978, *Organizational Strategy, Structure, and Process,* McGraw-Hill『戦略型経営』 土屋守章・内野崇・中野工訳 ダイヤモンド社 1983

Mintzberg, Henry 1989, *Mintzberg on Management,* The Free Press『人間感覚のマネジメント－行き過ぎた合理主義への抗議』 北野利信訳 ダイヤモンド社 1991

Mintzberg, Henry 1996, *Musings on Management,* HBR 1996 July-August『マネジメントに正解はない』 有賀裕子訳 DHBR 2003 January

Mintzberg, Henry 2004, *Managers Not MBAs : A Hard Look at the Soft Practice of Managing and Management Development,* Berrett-Koehler Publishers『ＭＢＡが会社を滅ぼす』 池村千秋訳 日経ＢＰ社 2006

三矢裕 2003『アメーバ経営論』 東洋経済新報社

森本三男 2006『現代経営組織論第３版』 学文社

森本三男 2007『Ｍ＆Ａと組織文化の相性』 ＣＵＣ [View & Vision] 第 24 号：6-9

中村和彦 2007『組織開発（ＯＤ）とは何か？』 人間関係研究 6：1-29

中村和彦 2010『米国における組織開発（ＯＤ）の変遷と最近の議論－ＯＤにおけるポストモダン論へのターン』 経営行動科学学会第 13 回年次大会発表論文集：325-330

中村和彦 2014『対話型組織開発の特徴およびフューチャーサーチとＡＩの異同』 人間関係研究 2014(13)：20-40

Nanus, Burt 1992, *Visionary Leadership,* Jossey-Bass『ビジョン・リーダー』 木幡昭・廣田茂明・佐々木直彦訳 産能大学出版部刊 1994

Neilsen, Eric H. 1984, *Becoming an OD Practitioner,* Prentice-Hall

西川耕平 2009『ＯＤ（組織開発）の歴史的整理と展望』 経営理論と実践第 16 号：137-149 経営学史学会編（文眞堂）

野中郁次郎 2002『コミュニティ・オブ・プラクティス』「解説」：333-343 翔泳社

野村恭彦 2002『コミュニティ・オブ・プラクティス』 監修者序文：11-23 翔泳社

Norden-Powers, Christ 1994, *Awakening the Spirit of the Corporation*『エンパワーメントの鍵』 吉田新一郎・永堀宏美訳 実務教育出版 2000

荻原勝 1979『働きがいの構造－日本的ＱＷＬの課題を探る』 ダイヤモンド社

大住荘四郎 2011『日本的組織へのポジティブアプローチの適用についての研究』 関東学院大学経済経営研究所年報 33:1-14

Ouchi, William G. 1981, *Theory Z : How American Business Can Meet The Japanese Challenge*, Addison-Wesley『セオリーＺ－日本に学び、日本を越える』 徳山二郎監訳 ＣＢＳソニー出版 1981

Peters, Tom J. & Robert H. Waterman, Jr. 1982, *In Search of Excellence*, Harper & Row『エクセレント・カンパニー』 大前研一訳 講談社 1983

Peterson, Christopher 2006, *A Primer in Positive Psychology,* Oxford University Press『ポジティブ心理学入門－「よい生き方」を科学的に考える方法』 宇野カオリ訳 春秋社 2012

Putnam, Robert D. 1993, *Making Democracy Work : Civic Traditions in Modern Italy,* Princeton University Press『哲学する民主主義－伝統と改革の市民的構造』 河田潤一訳 ＮＴＴ出版 2001

Reichers, Arnon E. & Benjamin Schneider 1990, "Climate and culture : An evolution of constructs." *In Schneider, B. (Ed.) Organizational Climate and Culture,* Jossey-Bass

レニール，フィル＆重光直之 2011『ミンツバーグ教授のマネジャーの学校』 ダイヤモンド社

Robbins, Stephen P. 2005, *Essentials of Organizational Behavior, 8th Edition,* Pearson Education『新版組織行動のマネジメント』 高木晴夫訳 ダイヤモンド社 2009

Rogers, Carl R. 1968, *Interpersonal Relationships,* Journal of Applied Behavioral Science 1968(3)

坂下昭宣 2007『経営学への招待第３版』 白桃書房

Schein, Edgar H. 1972, *Organizational Psychology 2nd ed.*, Englewood Cliffs, Prentice-Hall

Schein, Edgar H. 1985, *Organizational Culture and Leadership,* Jossey-Bass『組織文化とリーダーシップ－リーダーは文化をどう変革するか』 清水紀彦・浜田幸雄訳 ダイヤモンド社 1989

Schein, Edgar H. 1988, *Process Consultation Vol. I 2/E,* Addison-Wesley Publishing『新しい人間管理と問題解決』 稲葉元吉、岩崎靖、稲葉祐之訳 産能大学出版部 1994

Schein, Edgar H. 1999, *Process Consultation Revisited : Building the Helping Relationship,* Addison-Wesley Publishing『プロセス・コンサルテーション：援助関係を築くこと』

稲葉元吉・尾川丈一訳　白桃書房 2002

シャイン，エドガー H. ＆金井壽宏 1999『洗脳から組織のセラピーまで』　クレオ 1999 (2)：2-22

Schein, Edgar H. 2002, *The Anxiety of Learning*, HBR 2002.3『学習の心理学』　飯岡美紀訳　DHBR 2003.3

Schein, Edgar H. 2009, *HELPING : How to Offer, Give, and Receive Help*, Berrett-Koehler Publishers『人を助けるとはどういうことか：本当の「協力関係」をつくる７つの原則』　金井壽宏監訳・金井真弓訳　英治出版 2009

Schein, Edgar H. 2010, *Organizational Culture and Leadership, 4th ed.*, John Wiley & Sons『組織文化とリーダーシップ』　梅津祐良・横山哲夫訳　白桃書房 2012

清宮普美代 2008『質問会議』　PHP 研究所

Semler, Ricardo 1993, *MAVERICK : The Success Story Behind the World's Most Unusual Workplace*, Tableturn『セムラーイズム：全員参加の経営革命』　岡本豊訳　SB 文庫 2006

Semler, Ricardo 2004, *THE SEVEN-DAY WEEKEND*『奇跡の経営：一週間毎日が週末発想のススメ』　岩元貴久訳　総合法令出版 2006

Senge, Peter M. 1990, *The Fifth Discipline : The Art & Practice of The Learning Organization*, Doubleday『最強組織の法則－新時代のチームワークとは何か』　守部信之訳　徳間書店 1995

Senge, Peter M. 2003『フィールドブック学習する組織「５つの能力」－企業変革をチームで進める最強ツール（日本語版へのまえがき）』柴田昌治／スコラ・コンサルタント監訳　牧野元三訳　日本経済新聞社 2003

Steiner, Ivan D. 1972, *Group Process and Productivity*, Academic Press

高間邦男 2009『フューチャーサーチ』　解説：378　ヒューマンバリュー

Tannenbaum, Arnold S. & Robert L. Kahn 1957, *Organizational Control Structure : A General Descriptive Technique as Applied to Four Local Unions*, Human Relations 10 : 127-140

舘岡康男 2006『利他性の経済学－支援が必然となる時代へ』　新曜社

舘岡康男 2014『シナジー社会論』　今田高俊・舘岡康雄編（第 12 章："SHIEN" マネジメントとその先の近代）東京大学出版会

Taylor, Frederick W. 1912, *The Principles of Scientific Management*, Harper & Brothers Publishers『科学的管理法(新版)』上野陽一訳　産業能率短期大学出版部 1969

上原橿夫 1984『経営戦略としての組織開発事例集(産能教育システム研究資料シリーズ No.4)』　産業能率大学総合研究所

梅澤正 1983『組織文化の視点から』　組織科学 17(3)：16-25

Watkins, Karen E. & Victoria J. Marsick 1993, *Sculpting the Learning Organization*, Jossey-Bass『「学習する組織」をつくる』神田良・岩崎尚人訳　日本能率協会マネジメントセンター 1995

Weisbord, Marvin & Sandra Janoff 2000, *Future Search : An Action Guide to Finding Common Ground in Organizations & Communities 2nd ed.*, Berett-Koehler『フューチャーサーチ』　香取一昭・株式会社ヒューマンバリュー訳　ヒューマンバリュー 2009

Wenger, Etienne & Richard McDermott & William M. Snyder 2002, *Cultivating Communities of Practice*, HBS Press『コミュニティ・オブ・プラクティス』　野村恭彦監修・櫻井祐子訳　翔泳社 2002

Whitney, Diana & Amanda Trosten-Bloom 2003, *The Power of Appreciative Inquiry : A Practical Guide to Positive Change*, Berett-Koehler『ポジティブ・チェンジ〜主体性と組織力を高める AI』　株式会社ヒューマンバリュー訳　ヒューマンバリュー 2006

八木昭宏 2010『人間生活工学におけるポジティブ心理学(講演録)』　人間生活工学 11(2)：69-71

山口博幸・朱岩 2011『戦略は組織文化に従う－なぜ IBM はソリューション・プロバイダーに変身できたのか』　岡山商大論叢 46(3): 17-35

人名索引

● あ行 ●

アージリス　　23, 48, 106
アイザックス　　186, 187
朱岩　　87
アベグレン　　162, 163
石塚しのぶ　　18
伊丹敬之　　68, 76, 77, 93
稲葉元吉　　2, 3, 23, 27, 28, 33, 66, 212
井上忠　　16
今田高俊　　114, 115, 117, 121, 122, 124, 125
ウェーバー　　22
上原橿夫　　4
ウェンガー　　193〜195
ウォーターマン　　62, 63, 79
梅澤正　　91
エメリー　　47
エリクソン　　102
オーウェン　　184
オオウチ　　65, 166〜168
大川恒　　185
荻原勝　　48

● か行 ●

ガースナー　　87
カーネギー　　14
ガービン　　108〜110
カーン　　142
カウフマン　　116, 159
加護野忠雄　　61, 67, 68, 76, 77, 93
カッツ　　96
香取一昭　　185
金井壽宏　　86, 144, 175
カミングス　　26, 27, 29, 38, 39, 50, 51, 53, 54, 147
カント　　116

菊野一雄　　54, 55
北居明　　67, 78, 93, 123
キム　　138, 139, 168〜170
キャメロン　　77, 80〜84
キャンベル　　141
クイン　　77, 80〜84
クーパーライダー　　182〜184
グラッドウェル　　157, 158
クレグ　　68〜70, 90, 92
ケネディ　　63, 77, 88
ゴア　　15, 17, 18
コーノ　　68〜70, 90, 92
コッター　　68, 74, 77, 78, 87
コッチ　　43
小林宏治　　160
コリヤー　　43
コリンス　　163, 164
コルブ　　98, 105, 147

● さ行 ●

坂下昭宣　　68, 69
シェパード　　28
ジガーミ　　103
シャイン　　34, 44, 68, 72, 73, 76, 81, 85, 86, 88, 89, 120, 142〜146, 170, 171
ジャノフ　　179〜181
シュナイダー　　66, 193
スタイナー　　144
セムラー　　20
セリグマン　　56, 57, 177
センゲ　　105, 109, 114

● た行 ●

高間邦男　　182
舘岡康男　　121
ダフト　　23, 24

ダンネット	141	ブラットン	168, 169
タンネンバウム	142	ブランチャード	103
ディール	63, 77, 88	ブレーク	28, 32, 45, 46, 154, 155
ディヴィス	48	ブレーム	142
ディズニー	164, 165	フレンチ	26, 27, 40, 43, 142
テイラー	47, 62	フローマン	147
デービス	68, 71	ヘインバーグ	2
デカルト	116	ヘスケット	68, 74, 77, 78, 87
デミング	50	ベッカー	126, 128
ドラッカー	14, 23, 29, 34, 128, 130, 131, 198	ベックハード	26〜28
トリスト	47	ベナー	99
ドレイファス兄弟	99, 100, 105	ホイットニー	182
トロステンブルーム	182	ポラス	163, 164
		ホワイトヘッド	116

● な行 ●

ナイト	163
中村和彦	38, 178, 182, 183
ナヌス	164
ニーチェ	114
ニールセン	213
西川耕平	38
ノーデン - パワーズ	14, 125
野中郁次郎	196, 197
野村恭彦	194

● は行 ●

バーク	26, 27, 35, 47, 51, 60, 89, 90, 141, 147, 148
ハーシー	103
ハーズバーグ	48
バーチェル	55
バーナード	22, 131
長谷川英祐	157
パットナム	128
パルミサーノ	87, 88
ピータース	62, 63, 79
ピーターソン	56
フライシュマン	33, 34, 140
ブラウン	186, 187

● ま行 ●

マーコード	123, 124, 178, 201, 204, 205
マーシャク	28, 29, 31〜33, 108, 175, 178
米谷淳	30
前田東岐	198
マクダーモット	193, 194
マグレガー	38, 45, 48, 165, 166
松尾睦	66, 93, 102, 107, 111
マロー	40
マン	37, 44
三矢裕	209
ミンツバーグ	36, 198, 199, 208, 209
ムートン	28, 32, 45, 46, 154, 155
モボルニュ	168〜170
森本三男	75

● や行 ●

八木昭宏	56
山口博幸	87
ライチャーズ	66
リッカート	44, 45
レイヴ	193, 195
レヴァンス	201

レヴィン	37, 39〜41, 66, 142, 145, 150, 187	● わ行 ●	
レニール	199, 200	ワーレイ	26, 27, 29, 38, 39, 50, 51, 53, 54, 147
ローシュ	46	ワイスボード	179〜181
ローレンス	46	ワイテ	43
ロジャース	2	ワトキンス	108, 111

用語索引

● 英数字 ●

10年ルール	102	hyper-open system	25
3つのM	109	IBM	87, 194
4Dサイクル	182	ILO	49, 54
academic intelligence	96	intervention	36, 151
action learning	201	IT	54
Active Listening	2	large group intervention	175
AI	10, 57, 175, 176, 178, 182, 183, 188, 189	lattice organization	17
		learning organization	108
ALコーチ	202〜205	legitimate peripheral participation	195
ATD	10, 127	M&A	50, 65, 75, 86
Basic Skill Training	41	NTL	10, 28, 31, 41, 42
behavioral science	29	OD Values	31, 49, 127, 152
BPR	5, 9, 32, 174	ODAJ	10
BST	41	ODNJ	10
Business Process Re-engineering	5	ODコーディネーター	214, 215
change agent	36	ODネットワーク	10, 28
change management	32	ODプラクティショナー	iii, 27, 44, 47, 51, 52, 85, 86, 142, 144, 147, 148, 151〜153, 179, 181, 212, 213, 215
client system	36, 44		
coaching ourselves	199	ODブローカー	214, 215
communities of practice	193	ODプロデューサー	214, 215
Competing Values Framework	81	OD実行チーム	214, 215
Decent Work	54	OECD	49
dialogue	182	one best way	45
EI	50	open system	24
experiential learning	97	Organization Change	29
full participation	195	Organization Development	2, 28, 29, 33
holonic	141		

OST	*175, 176, 178, 184, 186, 190*
PCモデル	*143*
phase	*147*
POGAL	*16*
positive psychology	*56, 57*
QCサークル	*4, 5, 196, 201, 202*
Quality of Work Life	*14, 38, 39*
QWL	*14, 38, 47〜50, 54, 55*
reflection roundtable	*199*
Sensitivity Training	*37, 41*
situated learning	*195*
ST	*37, 42*
stage	*147*
step	*147*
strategic change	*51*
survey feedback	*44*
The Great Work Place	*55*
tipping point	*157*
TQM	*50, 83, 84*
Tグループ	*2, 37, 38, 40〜43, 60, 140*
well-being	*56*
whole system	*175*

● あ行 ●

アージリス学派	*105, 106*
アクション・ラーニング	*201, 205*
アクション・リサーチ	*iii, 38, 43, 44, 147, 191*
アソシエート	*17, 20*
アノマリー	*iii*
アメーバ経営	*209, 210*
アライアンス	*50*
アライメント	*ii, 50, 52, 92, 125, 141, 151*
暗黙知	*96*
アンラーニング	*107, 156*
医師 - 患者モデル	*143*
移植のジレンマ	*42, 60, 140*
イノベーション理論	*158, 159*
インターナショナル・ハーベスター社	*33*
インフォーマル・グループ	*23*
インフルエンス	*161*
ウェル・ビーイング	*177*
ウォルマート	*164*
エキスパート	*96, 99〜102, 133, 196*
エスノグラフィー	*85, 86*
エンゲージメント	*128*
エンパワーメント	*19, 50, 111, 121, 123〜125*
オーナー	*214, 215*
オープン・システム	*15, 24, 47, 48, 61, 106*

● か行 ●

介入	*151, 152*
解の所在	*121*
カウンターカルチャー	*75, 92*
カオスの淵	*116, 118, 159, 160*
科学的管理法	*34, 47, 62*
学習・変革モデル	*145*
学習不安	*170*
学習する組織	*iv, 108〜111*
学校知	*96*
価値観	*68*
カルチャー・フィット	*19*
関係の質	*138〜140*
観察された行動	*72*
感受性訓練	*2, 37, 38, 41, 140, 212*
間接経験	*97*
官僚制組織	*22, 23, 62, 130*
機械的世界観	*116*
企業の人間的側面	*39, 45, 48*
企業文化	*62, 63, 69〜71, 74, 77, 79, 86〜88, 90, 92, 110, 167, 170, 171*
基盤的カルチャー	*92*
規範的組織開発理論	*38*
規範論的アプローチ	*44, 45, 47, 48*
基本的な前提認識	*73*

競合価値観フレームワーク　　80, 81, 84
共進化　　159
京セラ社　　209, 210
共創　　131～134
協働　　22, 28, 37, 51, 55, 131～133, 183
共同思考　　109
共有された価値観　　69, 70, 74, 85
グッド・プロセス　　139
クラブツーリズム社　　24, 25
グループとしての行動に対する規範（ノーム）　　74
クローズド・システム　　106
経営戦略　　ii, 4, 25, 50, 52, 67, 160, 189
経営的文化遺伝子　　85
計画的な変革　　3
計画的変革　　43, 147
経験学習　　97, 200
経験学習モデル　　98
経済システム　　10, 53
結果の質　　138, 139
ゴア社　　15
工業社会　　9, 15, 114
公式組織　　22, 23, 62
公式ルーチン　　107
合成（同時）最適化　　48
構成主義的学習観　　97, 98
行動科学　　29～31, 36, 43, 45, 56, 60, 213, 214
行動規範　　68, 74, 76, 87
行動の質　　138, 139
コーチング　　30, 33, 90, 99, 188, 189, 195, 205, 212
コーチング・アワセルブズ　　199
顧客システム　　44
古典的経営管理論　　9
コネティカット州人種関係委員会　　37, 40

コルブ・モデル　　98
コンセプチュアル・スキル　　96, 213
コンティンジェンシー（条件適合）理論　　46, 105
コンプライアンス　　8
コンフリクト　　141

● さ行 ●

サーベイ・フィードバック　　37～39, 44, 45, 52, 143, 150
最高の職場　　55, 56
ザッポス社　　18, 209, 210
サブカルチャー　　75, 79, 89, 92
参画型アクション・リサーチ・アプローチ　　142
支援　　iv, 120, 122, 125
支援システム　　122
閾値　　116, 158
思考の質　　138, 139
自己組織化　　iv, 93, 94, 96, 114, 116～118, 125, 159, 197
自己組織性　　115, 159
自己適応　　114, 115
自己マスタリー　　109
システム4　　45
システム思考　　ii, 109, 111, 203
自責　　7, 211
実際の生産性　　144
実践コミュニティ　　193～196
実践知　　96, 97, 195
質問会議　　205, 206
指導理念　　71, 72
自発的秩序　　116
社会・技術システム論　　47, 48
社会構成主義　　179, 183, 191
社会システム　　10, 35, 48, 53, 86
社会的通貨　　120
シャドー・コンサルタント　　214, 215
社内民主主義　　20
従業員参加　　43

集合教育	33	セムラーイズム	20
十全参加	195	全員経営	iv, 11, 93, 189, 208〜210
集団力学	30, 39, 40	全員参加経営	iv
熟達研究	102	全社的組織開発	214
潤工社	15	全体論的	68, 92
状況対応的リーダーシップ	103, 152	専門家モデル	143
状況に埋め込まれた学習	193, 195	戦略的人的資源管理	126
小集団活動	4, 5, 30, 196, 201, 202	戦略的変革	38, 39, 51〜54
情報責任	131, 133	創発	116, 117, 179
職務拡大	48	ソーシャル・キャピタル	128, 129
職務再設計	48	ソーシャルワーク	124
職務充実	48	組織開発という言葉について	28
自律的作業集団	48	組織開発の価値観	31, 127, 152
シングル・ループ学習	106, 204	組織開発の起源	37
人工の産物	72	組織開発の系統	38
人事管理	126	組織開発の代表的な定義	26
診断型組織開発	179, 188	組織開発の評価指標	32
人的資源	29, 52, 53, 128	組織開発部	190
人的資源管理	126, 127	組織学習	93, 94, 96, 105〜108, 154, 171, 194
人的資本	126〜128	組織活性化	2
シンボル	68, 69, 88	組織的知識創造理論	196
心理的抵抗	142	組織と人間の統合	48
ストレングス・ベースド・アプローチ	176	組織能力	5, 11, 195
すばらしいチーム	109	組織の下位体系	91
成果至上主義	6	組織の結婚	75
成果主義	5, 6, 107, 130, 162, 163	組織の時代	i, 14
成果主義人事評価制度	107, 140	組織の進化	61
成果主義評価制度	5	組織の文化的側面	62
成功の循環モデル	138	組織風土	27, 63, 65〜67, 129, 149, 153
成功の法則	138, 140	組織文化	iv, 4, 26, 27, 29, 34, 47, 51, 52, 60〜62, 65〜69, 75〜79, 81〜87, 89〜94, 108, 128, 129, 140, 141, 149, 153, 157, 169, 170, 177, 191, 208
省察	98, 99, 102, 200		
生存不安	170		
成長の抵抗点	102		
正統的周辺参加	193, 195		
セオリーX（X理論）	165		
セオリーZ	65, 166, 167		
セオリーY（Y理論）	165	組織文化診断	44, 81, 149
責任帰属	210	組織文化の機能	76
積極的傾聴	2	組織文化の逆機能	77, 94
セムコ社	20		

● た行 ●

ダーウィンの進化論　　115
ダイアログ　　182, 203
第 1 級の適応　　114, 115, 117, 130
第 1 級の能動性　　114
体質　　4
対人関係スキル　　42, 213
代替リーダーシップ　　161
第 2 級の適応　　114
対 話　　57, 108, 109, 111, 178, 179, 182, 187, 188, 197, 199, 203
対話型組織開発　　179, 188
他花受粉　　187
タビストック研究所　　47
ダブルループ学習　　93
タレント・マネジメント　　127
タレント活用文化　　128
チーム・ビルディング　　30, 42, 61, 187, 201, 212
チームづくり　　37, 38, 42, 155, 174, 206
チーム脳　　205, 206
知恵比べ競争　　9, 15
チェンジ・マネジメント　　32, 33
知識社会　　9, 14, 15, 128, 193, 194, 196
地と図　　105
直接経験　　97
ディーセントワーク　　54, 55
ティーチング　　97
ティッピング・ポイント　　157〜159
ティッピング・ポイント・リーダーシップ　　168
テイラーイズム　　48
テクニカル・スキル　　96, 212, 213
デトロイト・エジソン社　　37, 44
デュポン社　　17
転換的学習　　170
動機づけ・衛生理論　　48
統合スキル　　213

トータル・システム　　27, 47, 89, 151
トータル・システム・アプローチ　　27, 141, 191, 195
ドレイファス・モデル　　99

● な行 ●

ナイキ　　163, 164
内省　　98, 199, 200
内破による変化　　115
ナチュラル・リーダーシップ　　16
名ばかりミドル　　197
ナレッジ・マネジメント　　194
日常理念　　71, 72
日本電気　　160
ニューヨーク市警　　168
人間関係論　　27, 34, 62
ネオ QWL　　54, 55

● は行 ●

ハーウッド研究　　40
ハイパー（超）・オープン・システム　　25
ハイポイント・インタビュー　　183
バッド・プロセス　　139
場の理論　　39, 66
パラダイム　　68, 69, 76, 77, 107
パラダイム転換期　　125
反応閾値　　157, 210
ピア・コーチング　　205
非公式ルーチン　　107
ビジョン・ステートメント　　164, 165
批判的思考　　99, 102
ヒューマン・キャピタル　　126〜128
ヒューマン・スキル　　96
ヒューマン・リソース　　128
ファシリテーション　　10, 30, 32, 33, 188, 212
ファシリテーター　　181, 186, 197, 204
フォード・システム　　55
複雑系　　116, 152, 159
普遍理論　　46

フューチャーサーチ　　　10, 30, 57, 175, 178〜182, 188, 189, 192
ブラック企業　　　8
プロセス・コンサルテーション　　44, 142, 151
変革シナリオ　　　151
変革の3段階　　　39
変革モデル　　　145, 147
ホウレンソウ　　　6, 7, 8, 83, 117, 119, 135
ホーソン実験　　　62
ホールシステム　　　175
ホールシステム・アプローチ　　174〜176, 178, 179
ポジティブ/ホールシステム・アプローチ　　187, 188
ポジティブ・アプローチ　　176, 177, 191
ポジティブ心理学　　　56, 57, 177
ポスト工業化社会　　　55
ホロニック　　　92, 141
ホロニック・アプローチ　　　141

● ま行 ●

マーコードモデル　　　202
マーチ学派　　　105, 106
マネジされた変革　　　88, 89
マネジメント・サイクル　　　133
マネジメント・デベロップメント　　33
マネジメント・パラダイム　　iv, 113
マネジメント・プロセス　　　133〜135
マネジリアル・グリッド　　45, 46, 154
メタレベルの組織文化　　　93
メンタル・モデル　　　108
目標による管理　　　23, 29, 34
モチベーション　　　5, 9, 30, 49, 66, 67, 76, 107, 123〜125, 139, 145, 148, 153, 175, 195

● や行 ●

有機体的世界観　　　116
ユニオン・カーバイド社　　　38
ゆらぎ　　　117, 118, 160
よい場　　　196, 197
要素還元主義　　　116
よく生きる　　　56

● ら行 ●

ラージグループ・インターベンション　　175
ラーニング　　　97
ラティス組織　　　17
ラボラトリー・トレーニング　　38, 39, 41
リーダーシップ　　　30, 161
リーダー哲学　　　161, 162
リスク管理　　　8
リストラクチュアリング　　9, 32, 174
利他的利己主義　　　120, 122
リフレクション　　　200〜205
リフレクション・ラウンドテーブル　　199
臨界点　　　116, 158
類型法　　　92
ルーチン　　　106, 107, 156
レヴィンの公式　　　39
連結された会議　　　44
ロビン　　　55

● わ行 ●

ワールド・カフェ　　　10, 30, 175, 186
ワン・ベスト・ウェイ　　　38, 44, 45
経験学習サイクル　　　140

■ 著者紹介 ■

廣田　茂明（ひろた　しげあき）

1951年生まれ。慶應義塾大学法学部法律学科卒業。第一生命を経て、1989年産業能率大学に入職。現在、経営管理研究所主席研究員。主な著書に、「共働によるマネジメントの基本」（共著・産能大学出版部）、「目標達成と新しい人事考課」（共著・産能大学出版部）、「ビジョン・リーダー」（共訳・産能大学出版部）などがある。

ODプラクティショナーのための
「組織開発」参考書　〈検印廃止〉

著　者	廣田　茂明	
発行者	飯島　聡也	
発行所	産業能率大学出版部	
	東京都世田谷区等々力6-39-15　〒158-8630	
	（電話）03（6432）2536	
	（FAX）03（6432）2537	
	（URL）http://www.sannopub.co.jp/	
	（振替口座）00100-2-112912	

2015年12月10日　初版1刷発行

印刷所・製本所　渡辺印刷

（落丁・乱丁はお取り替えいたします）
無断転載禁止

ISBN 978-4-382-05731-9